食の巨人・北大路魯山人（明治16〜昭和34年）はお洒落だった。京マチ子からプレゼントされたネクタイを締め、久兵衛から贈られたステッキを手に。自邸・慶雲閣（星岡窯内）前にて。昭和30年ごろ　（提供　平野雅章）

味噌和え）。中央は赤貝と田芹の煮浸し
（料理＝筆者、撮影＝名取和久。以下同）

魯山人の食卓

（奥左から時計回りに）筍のつけ焼き、木の芽のおむすび、菜の花と葱が入ったイワシのつみれ汁、サヨリの糸作り、ホタルイカとアサツキのぬた（酢

ナスの煮浸し

魯山人が愛した北陸の夏の定番料理（作り方は拙著『魯山人の美食』平凡社新書を参照）

甘エビの味噌漬け

生きのいい富山の甘エビを味噌に漬けて運び、鎌倉に着いて殻を剥き頭と尾を外して食す。身が締まり、ほのかに味噌の香りのついたこのエビを魯山人は愛した

百合根のあんかけ

丸々1個のままの百合根をきれいに掃除し、弱火で火を通し、醤油だしの葛(くず)あんをかけてワサビを添える。逸品である

田芹のよごし

春先のまだ小さな芹の香りは秀逸である。とくに根が美味しい。全体を微塵にしてごま油で炒め、味噌で和えて火を止める

上右：友が来ると対面して坐し、手ずから料理を振る舞った
上左：ビールを痛飲しつつ談論風発する魯山人

食材選びに妥協はなかった。最高のアユを求めて、京丹波・和知川（わちがわ）上流で自ら釣り糸を下げてみる

星岡茶寮（ほしがおかさりょう）の献立表。1枚1枚毛筆で書かれた（提供　加谷一二）

平凡社新書
853

魯山人 美食の名言

山田和
YAMADA KAZU

HEIBONSHA

魯山人　美食の名言●目次

第二章　美食の周辺　

〈本書に登場する魯山人料理〉

注＝引用文は旧仮名遣いを生かし、旧漢字を新漢字とすることを原則とし、拗音、促音は小字としました。
明らかな誤植を訂正し、改行を整理し、またルビを増やし、カッコ内の補足を筆者が行いました。

※掲載写真で撮影者が不明のものがあります。ご存知の方は平凡社新書編集部にご連絡をお願いいたします。

プロローグ

魯山人の人生観

——断固として生きる

絵と書＝北大路魯山人（『星岡』29号、昭和8年4月）

山鳥のように素直でありたい。太陽が上って目覚め、日が沈んで眠る山鳥のように……。

（北大路魯山人『春夏秋冬　料理王国』淡交新社、昭和三十五年）

「いろいろな生き方もあろうが、ともかく断固として生きることが必要だ」

（平野武編著『独歩——魯山人芸術論集』美術出版社、昭和三十九年）

人生に対してこんな言葉を遺した北大路魯山人は、料理においても断固とした意見の持ち主だった。

日本料理を根本から変えたと言われる魯山人の料理の実力は、料理全般に関する幅広い知識や、鶴や蝦蟇（がま）や山椒魚まで調理した希有（けう）な食体験からだけではなく、彼の鋭敏な味覚と大自然に対する理解、どんな妥協をも許さない本物志向、美術鑑賞眼、演出力、そして何よりも「相手を感動させたい」という一心から生まれたものである。そして重要なのは、魯山人の人生にとって食は「美味」以前に「幸福」そのものでなくてはならなかったことである。

魯山人の鋭い味覚

魯山人の味覚は際立っていた。

星岡茶寮(ほしがおかさりょう)といえば大正十四(一九二五)年に四十一歳の北大路魯山人が、幼友達だった田中傳三郎の弟・中村竹四郎と東京・赤坂山王台星岡(ほしがおか)(日枝(ひえ)神社内)に閉鎖されたままになっていた華族会館の星岡茶寮を改修してはじめた高級料亭だが、そこで料理主任を務めていた松浦沖太(おきた)が、以前私にこんな話を聞かせてくれたことがある。

「星岡茶寮では、料理の最後に出す止椀(とめわん)(御飯や漬物とともに出す汁物。普通は味噌汁)の味見は私に任されていました。私じゃないと駄目なんです。ほかの者にはさせないんです」

松浦は弱冠二十一歳(数えで二十二歳)で料理主任に抜擢された男だった。星岡茶寮で料理主任といえば、実質的には料理長のことである。料理長という肩書きは魯山人だけが使っていた。

しかしあまりにも若い松浦に対して、親子ほど歳が違う板場の連中たちは言うことを聞かなかった。それが辛くて、松浦は辞めたくなったという。

そのことを知った魯山人は、板前たちだけでなく給仕の女性たち、帳場の人間、ボイラーマンから大工や庭師まで全従業員約百名を大広間に集めて雷を落とした。「いいか、オレがいないときに松浦が言うことはオレの言うことだと思え。松浦の言うことを聞けないヤツは即刻クビだ。今すぐここから出て行け！　全員出て行ってもかまわんぞ」

魯山人のその一言で、周囲の対応はすっかり変わったという。

松浦は、料理主任になったその日から運転手付きのシボレーで自宅と茶寮を往復したという。私が会ったとき松浦は九十歳だった。

「ある日、先生（魯山人）がすっかり酔っ払って、すごくご機嫌だったんですよ。口にビールの泡をためてね。私はこんなに酔っ払っているときの先生の舌はどうなんだろうかと思いましてね、それであえてやや薄味のスープを先生のところへ持って行って、いかがでしょうかとお伺いしたんです。薄味といってもほんのちょっと、普通の舌ではわからない程度だったんですよ。

味見をした先生は言下（げんか）に『薄い』と言われました。私はそこで、ええい、もっと試したろと思いましてね、二度目も直さないでそのままのを持って行ったんです。

そしたらまた『薄い』と。三度目も、味を直した振りをして同じのを持って行きました。三度目は怒鳴りましたよ。『薄いと言っているのがわからんのか。この馬鹿者!』と。それで四度目に味を直して持って行ったら、『よし、これでいい。何で早くこうしないんだ』と言われました。私はそのとき恐ろしくなったです、先生の舌の鋭さにね。あーあ、あれだけ酔っ払っているのに、すごい人やなと思うてね。それからは先生一辺倒で、先生が星岡茶寮を追い出されたときは私も辞めました。先生のいない星岡茶寮にいたって仕方がないと思ったんです」

そのような魯山人の鋭敏な味覚はいつどこで得られたのだろうか。天賦のものだったのか、それとも後天的なものだったのか。

美味とは幸福の記憶

魯山人は明治十六(一八八三)年三月、京都の上賀茂神社百五十余の社家(しゃけ)の一つ、北大路家の次男に生まれた。

しかし母の不義の子だったためにすぐ里子に出され、先々の養家で激しい虐待を受けた。そんな姿を見かねた近所の木版師・福田武造、フサ夫婦(竹屋町油小路東入ル(ひがしはいる))に引き取られて福田房次郎を名乗ったのは、六歳のときである。

房次郎は、今度こそ家族の一員にしてもらいたいと、幼くして一家のおさんどんを買って出る。家は京都の台所・錦市場から北北西へ十五分ほどのところにあって、家は貧しかったが養父母は味にうるさい人だった。

房次郎は養父母を喜ばせて自分の居場所を得るべく、幼いながら調理に腐心する。虐待の記憶に怯(おび)えてきた少年にとって、それは自分を救う唯一の道だったに違いない。

〈便利な子やて思われて、重宝されたら大事にしてもらえる〉

〈置いといてもらえる……〉

そういう切迫した心理状態だったのではないだろうか。

工夫を重ね心を込めた料理を作って、養父母から「美味しい」と言われたとき、少年はどんなに嬉しかったことだろう。そのとき生まれてはじめて房次郎は幸福と安心とを味わったはずだ。

幼いときにおさんどんをつうじて味わい続けたこの幸福の記憶はのちの彼を支配し、食の巨人・北大路魯山人の誕生に繋がっていく。そう、食の天才の淵源（えんげん）はどこにあるのでもない、ここにあるのである。そしてその証拠は、彼が遺した言葉の中にいくつも見つけられる。


「料理の真髄は家庭料理にある」

「料理は愛情である」

「私が作り、あなたが食べる。これが料理の基本である」

「料理とは理（り）を料（はか）ること」

「料理は拵（こしら）えることでなく、悟ること」

「料理は人なり、真心なり」

「料理屋の料理は芝居」


星岡茶寮のポリシーもこれだった。茶寮開寮に際して、魯山人は「素人臭い家庭料理」をマニフェストとして掲げた。そしてそのポリシーについてこう語っている。

「私たちの考えていますことは、日常料理の美化であります。ふだんの家庭の日々の料理を、いかに美しくしてゆくかということであります」（「語録」『季刊銀花』八号、文化出版局、

昭和四十六年十二月）

少女給仕人には素人（うぶ）だけを選び、料亭経験者は採用しなかった。魯山人は彼女たちに黄八丈を着せ、毎日髪結いに彼女たちの髪を結わせ、空いた時間には遠州流（えんしゅうりゅう）の茶を習わせ、行儀作法を教えた。そんなふうだったから、裕福な家の親たちの中には娘を花嫁修業として茶寮に預ける者もあった。

調理人の採用については「部屋」と呼ばれる斡旋窓口を通すのが習わし（現在もこの習慣がある）だったが、魯山人はこれを無視した。経験や経歴で調理人を選ばず、志があれば素人（しろうと）も可として募集広告を打ち、自らが教育した。

その魯山人は自身、料理を習ったことが基本的になく、料理界でいえばずぶの素人である。昭和四（一九二九）年から八年まで星岡茶寮の料理主任を務め、その後支店の銀茶寮（ぎんちゃりょう）の板場に移った武山一太（かずた）は茶寮の前身である美食倶楽部時代からの子飼いで、この人もまた料理の素人だった。魯山人は玄人を素人の上に置かず、創意工夫と研究熱心とを以（もっ）て板前採用の基準とした。

料理屋料理に対する魯山人の嫌悪感は強かった。

のちには良寛の三嫌（嫌いなもの三つ）「書家の書、歌詠みの歌、料理人の料理」を引き合いに出し、真心がなくこれ見よがしの見てくれ狙いに終始する料理屋料理をしばしば批判した。しかしこれは真の料理屋料理、真の料理人をけなしての意見ではない。魯山人は、真の料理屋料理と真の料理人については評価している。芝居にたとえた料理屋料理の本来の姿について、彼はつぎのように述べている。

「夫婦喧嘩の芝居を舞台にかける場合を考えてみるとよい。もしある役者が、実際に人生に行われる掴み合いの夫婦喧嘩を見ていて、それを、その通り舞台上で演じたとするならば、怒号している言葉が、かえって冗談でも言っているように聞こえて来て、悲劇である場面が滑稽に見えるであろう。そこで舞台上においては、真実よりもある場合には誇張も必要であり、また省略することも必要となる。舞台の上を走るのに、われわれが実際に地上を走ると同じようにランニングを行なったのでは、走る感じが出ない。

それと同じ心で、料理屋の料理は、家庭料理を美化し、定形化して、舞台にかけるところの料理における芝居なのである」（平野雅章『魯山人料理控』廣済堂出版、平成六年）

幼いときの幸福の記憶に源を発した料理への価値観は、彼の確固たる人生哲学となり、「北大路魯山人」への道を拓いていったが、その間に彼は「食」という場をつうじて、書画、陶磁器、篆刻(てんこく)、漆芸(しつげい)、染織、作庭(さくてい)などのさまざまな芸術ジャンルを統合し、立体化していく。

巷(ちまた)には魯山人をオールラウンドプレーヤー（マルチ芸術家）と見なす意見がある。しかしその捉え方は間違っている。

彼はオールラウンドプレーヤーなのではなく、「料理も芸術」との認識のもとに表現に腐心し、結果としていくつものジャンルを結びつけて「たった一つのジャンル」にした、まったく新しいタイプの芸術家というべきなのだ。

食材のすべてを生かす

味覚は幼いころにでき上がるといわれる。

貧しい家だったがゆえに、少年は食材を無駄なく使った。

大根なら軸（上の部分）や根（下の部分）だけでなく、葉も皮もすべて使った。そしてそのことによって、大根の上の部分と真ん中の部分と下の部分とで味が違うこと、葉を切り離しておかないと味が落ちてしまうこと、甘いおろしには上の部分、辛いおろしには下の部分、おろしは絞りすぎても絞り足らなくてもいけないこと、煮物には真ん中の部分を使うべきなこと、皮は糠漬けにすると大変美味いことなどを知るのである。

またそれだけでなく、あらゆる食材は場所によって異なる「持ち味」を持ち、捨てる部分がまったくないこと、蔬菜は鮮度が命であること、調理したものは時を移さず食べるべきことなどを学んでいく。魯山人はのちに三百種類ほどの茶漬を試み、その中から約十種の茶漬を完成させたように、つねに研究熱心だった。

魯山人が料理の中でもとりわけ重視したのは御飯である。

十歳のときに三等米を一等米に炊きあげることができるようになっていたと回想している。炊き加減はむろんだが、産地の異なる米を混ぜて炊くと三等米でも一等米の味になることを知ったのだ。混ぜ米が美味しいことについては、のちに懐石辻留二代目の辻嘉一が『御飯の本』（婦人画報社、昭和三十五年）の中で紹介している。現在では餅米を混ぜるなど、一般家庭でも行われている知恵である。

房次郎は、魚も中骨や皮やはらわたや鱗（うろこ）も残らず調理した。それは家計を扶（たす）け、養父母に大切にされたいという、文字どおり命がけの営為だっただろう。鱗や骨の調理については、戦後魯山人のもとで約一年間料理修業をした懐石辻留三代目の辻義一に引き継がれている。

魯山人が星岡茶寮の調理師採用試験に魚のあら（骨や臓物）だけで料理を作ることを課したのは、この幼時の体験からだったと思われる。先の松浦も採用試験で三週間あらだけで料理を作らされたという。その間ずっと鎌倉（深沢村（ふかさわむら）山崎。現在の鎌倉市山崎）の星岡窯（せいこうよう）の魯山人のもとに留め置かれたといい、つぎのような思い出を語ってくれた。

「星岡茶寮から毎日のようにあらが届くんです。それを調理するんですわ。野菜はありました。星岡窯には畑がありましたし、近在の百姓がリヤカーに積んで売りに来たりしました。

私は、腕を試されていると思ってはじめは緊張してやっていたんですが、毎日毎日あらばっかりなんで、いい加減嫌になってやめたくなったんです。こんな人里離れたところで、いつまでもあらばっかり料理してたってはどうにもならんと。

そんなとき、あんたはもう少しいなさい、あんたはきっと採用になるからと女中頭が言ったんです。先生がこんなに料理を気に入られたことはない。普通は一日か二日で帰される。だからあんたはきっと採用されるから。それまで辛抱しなさいと」

松浦は続けた。

「あとから知ったことなんですが、一日で帰される者は不採用だったんですよ。料理屋の料理を作るからなんですね。素材を見て、自由自在の工夫ができないで、紋切り型の料理ばかり作るといくら味がよくても不合格、それじゃ駄目なんです。

先生に言わせると料理は真心で、客の様子を見たりその日の天気を見たりして臨機応変にできないといけない。それから、料理には人が出ないと駄目だと。包丁の切り口一つにも人が出るが、それは上手いとか下手、きれいやきれいじゃないという話ではないんだと。それが先生の口癖で、星岡の採用基準でもあったんです。頭が悪い人間や美術的な教養がない人間は料理ができないとも言っていました。

先生の料理を食べたことはあります。先生の味はとても出せません。先生はあまり手をかけないで、さっと作って、しかもそれで味ができているんです。

私はどこが違うんかな、ああ心が違うんやな、それが料理の極意なんやなとそのとき思いました。先生の料理は大胆でしかも繊細で、所作が大変美しかったです。先生は素材を無闇にいじりませんでした。持ち味がわかっているから、そこのところを活かすようにして、さっと美味いものが作れるんですよ、人がはっとするものを」

「先生は、市場では値切らずに最高のものを買って来いと言うんですわ。金の計算をするヤツは星岡茶寮にはいっぱいおるが、値切ると料理に品位がなくなると。でもそう言われると、却って買うのが難しかったです。先生は、ただ高いものを買って来いと言っているわけでなくて、お前の目と頭で見極めろと言っているわけですから」

「先生は妥協しない人でした。断固とした人、独断的な人。私は、先生のような独断的な人間がいるべきだと思います」

そうしてこうつけ加えた。

「先生には本当にいろいろと教えていただきました。ですから、私が料理人生を回想して書いた本の題名は『魯山人　味は人なりこころなり』（日本テレビ放送網、平成八年）です」

魯山人の味覚は、幼年期のおさんどんの中で命をかけて磨いて得られたものだったのだ。松浦もまた九歳からおさんどんをしたという。松浦の味覚も幼年期に作られた特殊なものだったのだろう。

食材の各部の持ち味に通暁していた魯山人の味覚については、こんなエピソードがある。

星岡茶寮全盛時代の昭和十（一九三五）年、五十二歳の魯山人は取り巻きたちを伴って大阪難波新地の有名料亭に「あこう」を食べに行った。あこうはハタの一種で、全身に朱色の斑点があって雉の体色を連想させることから関東や北陸では「キジハタ」の名で呼ばれている。刺身にも煮付けや酒蒸しにも適した高級魚である。


あこうのシュンは初夏だから、それは夏の初めのことだったのだろう。

仲居が運んできたあこうは、昆布に巻かれて蒸されていたが、頭がなかった。魯山人は頭はどうしたかと訊ねた。仲居はおどおどしながら下がって、まもなく板前がやって来た。

「本日魚屋が水洗い（下処理）しましたので、頭は持って行きました」

何たることだ！　魯山人は憤慨して続けた。

「あこうの頭を除いて料理する手はない。この魚の唇は鯛よりも美味いんだ」

ちなみにあこうの唇だが、この魚は皮もまた非常に美味く、唇に近くなるほどコラーゲンが豊富でとろけるような食感となる。唇の周辺に至ると、まさに中華の絶品「紅焼熊掌（ショウ）」を思い起こさせる。

星岡茶寮追放の本当の理由

魯山人の人生を貫いた「断固」はさて、彼を不世出の芸術家ならしめたと同時に、彼の人生を幾度も窮地に追いやった。その最大のものといえるのは星岡茶寮からの追放である。魯山人は茶寮の収益を古美術品の購入に注ぎ込み、それが過ぎて茶寮の経営を圧迫して追放されたと言われている。むろんそういう面は大きかっただろう。しかし共同経営者の中村竹四郎もまた、当時古美術品の蒐集に相当の金を使っていた。理由はそれだけではなかった。否、これから述べるもう一つのほうが主だった可能性がある。

魯山人が中村竹四郎から、一通の内容証明によって茶寮を追われたのは、昭和十一（一九三六）年七月十五日のことだった。

その前々年の昭和九（一九三四）年春、魯山人は独断で大阪星岡茶寮の開寮を決め、竹四郎はそれを追認する形で渋々認めた。広大な旧・志方（しかた）邸を買い取り、新たに湯屋や調理場を造るなど料亭に仕立てるのには莫大な資金が必要だったので、竹四郎は乗り気ではなかったのだ。昭和十年十月に開寮したが、資金問題以外にも許し難いことがあった。自分に相談なく計画が進められたことである。

竹四郎は『星岡』六十一号（星岡窯研究所、昭和十年十月）の「大阪茶寮開設に就いての所感」と題した文章の中で、「（いろいろと経緯があって）大阪星岡茶寮の開設といふことを引受けたのである」（傍点筆者）と書いて、不満のニュアンスをつぎのように表している。

「成程、家屋もよし、庭園もよし、交通もよし、といふことにはなったが、いざ実際に茶寮を開くとなれば、又そこに茶寮として心の済むまでの諸設備をしなければならない。（中略）魯氏の芸術的衝動もそれからそれへと発展して行くから、完璧を期さうとすればする程永びくのは、むしろ当然のことではあった。（中略）

その他食器にしても漆器にしても、之を既製品を買ひ集めるといふのであれば、直ちに間に合ふであらうが、之等も凡て魯氏の手になるものを用ゐねばならぬ。さうなると、鎌倉の星岡窯では、従来の窯では小さいといふので、改めて大きな窯を築いて（中略）又漆器は漆器で、之も自ら手がけるために、魯氏は加賀の山中まで出かける」

こうして翌昭和十（一九三五）年、魯山人は大阪星岡茶寮に使う五千点の器と酒器一千点、湯屋のタイルなどを焼くために瀬戸から大登窯（おおのぼりがま）を移築する。貨車何十輌分という大量の資材を星岡窯まで運び、組み立てるまでにかかった費用は相当なものだった。

これも魯山人の独断だったが、さらに魯山人は東西星岡茶寮の食材をこのころから飛行機で運びはじめる。翌昭和十一年初夏には、京都の山奥（京丹波）から和知川（わちがわ）の鮎を活きたまま列車で運んだ。

この輸送を担当した現地の魚梅（うおうめ）の主人は、従業員と夜行列車に乗り込み、京都駅から東京駅まで一晩中柄杓（ひしゃく）で活きた鮎の樽に水を掛け続けたという。魚梅の主人はこのきつい仕事を意気に感じたようで、「その価値を認めて下さるものがあれば、冬は越前の山女（やまめ）を生かして、東京へ運んで見せませう」（「丹波和知川の鮎」『星岡』六十九号、昭和十一年七月）と語っている。しかし竹四郎側は、

〈いったい、いくら金があればいいんだ〉

〈鮎一匹に、いくらの値段をつけたら勘定が合うというんだ〉

竹四郎でなくても、経営者なら誰でも頭を抱えることだったろう。理想を追い求める魯山人の頭には銭勘定というものがなかった。彼は料理を芸術と捉えていた。芸術家の魂と

いうものは本来そうである。竹四郎の堪忍袋の緒はこうやって切れた。

魯山人の「断固」は、それまで星岡茶寮の「雲と竜」と言われ琴瑟ただならぬものだった中村竹四郎との関係を壊し、その結果、東西の星岡茶寮と銀茶寮とを失い、一夜にして明日をも知れぬ身の上になった。魯山人五十三歳のときのことである。

両腕をもがれたかのように見えた魯山人はしかし、彼を心から愛する何人かの支援者に扶けられて翌年には経済的窮地を脱し、陶芸家として赫々たる芸術活動を展開していく。だからこのときの「断固」はよい結果を生んだといえる。

人間国宝を拒否する

しかしつぎの「断固」はどうだろうか。

昭和二十八（一九五三）年、日米協会（アメリカ・ジャパン・ソサイエティ）会長のロックフェラー三世夫妻が魯山人の自作品販売店・火土火土美房を訪れ、作品に感動。帰国後、アメリカでの個展と講演の招聘話を持ちかけた。魯山人は喜んだが、そこからが魯山人らしかった。

「招待されたんじゃ、言いたいことも言えない」

そう言って魯山人は自腹で渡航することにする。金がまったくないにもかかわらずである。

当時の海外旅行は、今では考えられないほどの費用がかかった。

一般人の海外旅行が認められ、五百ドルの外貨持ち出し枠ができたのは昭和三十九（一九六四）年のことで、それより十年前の話だから、さまざまな手続きが必要だったし、当時の羽田・サンフランシスコ間の航空運賃は六百五十ドル、現在の七百万円もした。しかもここから東海岸のニューヨークへ飛び、ヨーロッパを回って東京へ戻るとなると、航空運賃だけで現在の二千万円をくだらなかったはずである。

先の星岡茶寮の仕入れにかぎらず、費用のことなど考えないのが魯山人である。

せっかくだからヨーロッパを回って美食調査旅行（本人は「世界美食行脚（あんぎゃ）」とも呼んだらしい）をし、ついでにピカソやシャガールにも会ってやろうと計画はどんどん膨らみ、予算は今でいう一億円ほどになった。東京・紀尾井町の福田家（ふくだや）や名古屋の八勝館（はっしょうかん）など親しくしている料亭からそれぞれ今でいう二千万円ほどの支援（あとで作品で返すつもりだったらしい）を受けたが、それだけでは足りなかった。その結果、このときの借金で魯山人は死ぬまで首が回らない日々を過ごすことになる。

当時星岡窯で番頭役をしていた遊部重二（茶寮時代から戦後にかけて魯山人の日月椀などの髹漆の手伝いをしていた加賀の塗師・遊部石齋の息子。蠟色塗りの職人）は、魯山人の旅行資金の足しにとパナマ船籍の貨客船のアンドリュー・ディロン号の喫茶室とレストランに掲げる壁画の仕事二面を請け負ってきた。報酬は三十万円（現在の一千万円強）だったが、引き受けた魯山人は大量の鉛や白蝶貝などを使って、四倍以上の費用をかけて大赤字を出した。

しかしまったく動じる気配がなかった。というより、魯山人は大満足していた。なぜなら魯山人はこの仕事を、尾形乾山や光琳の向こうを張った桃山風の障壁画を製作する唯一絶好の機会と捉えたからである。材料費や収入など眼中になかった。

魯山人の「断固」はさらに続く。

昭和三十（一九五五）年、人間国宝の推挙を受けると、「芸術の何たるかを分からぬ役人から評価されてたまるか。位階勲等は一切断る」と拒絶。三十年来の盟友で当時文化財指定調査官だった小山冨士夫が置いていった重要無形文化財指定の推薦用紙を弊履(へいり)のごとく破り捨てた。

翌年の二回目の推挙も魯山人は断った。星岡窯の職人たちは、魯山人が指定を受けてくれることを願って「どうかお受けください」とこぞって切願した。なぜなら、人間国宝に指定されれば作品の値段が上がり、自分たちの給料を支払ってもらえるからだった。それに魯山人自身も窮乏に瀕しており、自邸は雨漏りする状態だったのである。

このときのことをのちに小山は振り返って、つぎのような意味のことを言っている。

「魯山人は権威を否定する人だから、人間国宝の話を持っていっても、きっと辞退すると私は思っていたんです。でもそんな魯山人こそ人間国宝にふさわしいと私は思ったし、指定されれば星岡窯の窮境を救うことができると考えたんですがね」

三年後の昭和三十四（一九五九）年十一月、魯山人は体調を崩して入院した。入院費がなかったので神奈川新聞社社長の佐々木秀雄が肩代わりしたが、一か月半後の十二月二十一日に帰らぬ人となった。七十六歳だった。小山冨士夫は懇意にしていた鎌倉・覚園寺（かくおんじ）の住職に枕経を依頼したが、布施を払うことができず窯場に残されていた木の葉皿一枚ですませた。

魯山人は死の六年前に、「人生」についてこんな言葉を遺している。

「どんな境涯にあっても、毅然たるしん（心）を持たねばならん。芸術家の生活に於ては特にそうだが、下らん遁辞（とんじ）を設けて、自分の不備を棚上げしてしまうような弱さではいけない。自分自身に忠実、卒直に対決することが生きるといふことだ」（「処世の道」『獨歩』三・四合本号、火土火土美房独歩会、昭和二十八年七月。傍点原文）

第一章

素材選びと料理の秘訣

絵と書＝北大路魯山人（『星岡』27号、昭和８年２月）

西も東も分らぬ子ども時代から、食いものだけには異常な関心を持っていた私

(『魯山人料理控』)

「もともと美味いものは、どうしても材料によるので、材料が悪ければどんな腕のある料理人だって、どうにもすることが出来ません」

（『独歩——魯山人芸術論集』）

食材の吟味が第一

美食は「食材を見分けることが第一」と魯山人は言い、こう続けている。

「里芋で言っても、ゴリゴリした芋だったら、どんな煮方をしたって、料理人の手に負い切れないのです。また、魚にしても脂気のないものは、それこそ煮ても焼いても、バタをつけようと雲丹を塗ろうと、どんなにしたってものになりません。材料を精選するということの大切な所以であります。この材料を見分けることは仲々容易なことではなく、むつかしいことですが、注意の修練、勘によって出来ますものであります。悪材を持った場合、決してまあなんとかなるというような、ぼんやりした考えでは好い料理は出来ませ

ん」（同前）

魯山人は料理に関して多くの言葉を遺したが、煎じ詰めれば、食材の吟味と持ち味を生かす調理、そして愛情、この三点である。あとは美食にふさわしい器の選択と場のしつらえ、調理する者の「聡明」が必須だと述べている。

では最も重要だという食材の吟味ついての魯山人の意見を聞こう。

「爰（ここ）に一本の大根があったとする。若（も）しその大根が今畑から抜いて来たといふ新鮮なものであるならば、之を下ろしにして食はうと、煮て食はうとうまいに違ひない。だが若しこの大根が古いものであったならば、それは如何なる名料理人が心を砕いて料理するとしても、大根の美味を完全な持味に味はははせることは出来ない。天のなせる大根の美味は、新鮮な大根以外に之を求めることが出来ないからである。（中略）

同じ大根でもその種類により、又、その生ひ立った土地の状態、即ち風土の如何によって、美味なるもあり、美味ならざるもある。そこでよい料理をしようとすれば、先（ま）づ大根の持つ味を活すために、新鮮なる大根を手に入れることが必要であり、第二にはよい種類の大根を選ぶといふことが料理人の心得として必要である」（「ビール片手に放談する魯山人

の藝術談片『料理の日本』」『星岡』五十九号、昭和十年八月）

大根の話で思い出すのは、筆者が父から聞いた話である。

父が魯山人邸を訪れていたとき、星岡窯の敷地内を荷車に大根を積んだ農家の主が通りかかった。魯山人は技術主任の松島文智（のちに宏明。明治三十一～昭和五十七年）に「あれを買って来い」と命じたが、松島はしばらくして手ぶらで戻ってきた。どうして買って来なかったのかと魯山人は訊ねた。すると松島は「あまり高いことを言うもんやから、買いませんでした」と答えた。

魯山人は「オレがいつ値段のことを言った。あの大根は新鮮だから買って来いと言ったんだ。いくら安くても古い大根では駄目なんだ。そんなことぐらいわからんのか」と怒鳴った。松島にも言い分があった。松島は星岡窯の会計係をしており、職人たちにまともに給料を渡せない状態だったからである。

「天然の味に優る美味なし／新鮮に勝る美味なし」

（『独歩——魯山人芸術論集』）

一見ありきたりに見える言葉だが、この言葉の中に魯山人ならではの深い知見と強烈なこだわりが潜んでいるわけである。以下、虚心坦懐に言葉の背後を探って行こう。

「天然」と「新鮮」

言うまでもなく、一口に天然といってもいろいろである。

第一に季節。第二に産地。第三に生育状況。第四に鮮度。そして第五に蔬菜類にも魚介類にも鳥獣肉にも、適当な大きさというものがある。天然で新鮮ならどんなものでも美味いということではない。

また、せっかく素晴らしい天然の食材を手に入れても、扱い方や素材への理解がなくては持ち味を殺すことになる。これが第六である。冷蔵庫に永置きしたり、調理の方法を過(あやま)てば台無しで、魚の扱いはとりわけ重要である。上手に扱えば美食になり得る素材も、いい加減に扱えばただのこだわりと出費に終わってしまう。魯山人は言っている。

「生かすことは殺さないことである。生かされているか殺されているかを見分ける力が料理人の力であらねばならぬ」（同前）

「天然の味に優る美味なし」「新鮮に勝る美味なし」が当たり前と言えるためには、素材の吟味、扱い方、調理の知識、愛情が不可欠で、時間と手数がついて回る。魯山人は**「結局料理は好きで作る以上の名法はない」**と述べて、つぎのように結論している。

「実際、料理と言いますものは、好きで作るというのでなくてはなりません。それが趣味であります。唯知ってうまく作るという知識だけではなく、暖かい愛情で楽しみながらやるという気持ちであります。（中略）そうして段々と調子の高いものを求めることです」

（以上二文、同前）

愛情と趣味の心が大切で、それがあれば素材への関心も高まり、料理も必然的に美味しくなり、料理の腕も味覚も上がっていく。

ところが残念ながらこれが通用しない人種がいる、と魯山人は言う。

美味しいものは、作ったその日に全部食べよ

「どうしても料理を美味しくつくれない人種がある。私はその人種を知っている。その名を不精者という」（平野雅章編著『魯山人味道』東京書房社、昭和四十九年）

そんなものぐさな人間が、魯山人に「面倒なしで美味く食べる方法はありませんか」と問えば、魯山人はあの世から「ないことはない」と言いつつ、つぎのようなアドバイスを返してくるだろう。

「君のような人は、買ったらその日のうちに全部食ってしまうことだ。そうすれば君の食卓は今よりも格段に上がる」。そして嘆息しつつこう語るだろう。

「美味い料理をしようと思ったら、その根本は食品材料を生かせばよい、それだけのことである。材料を生かすということは、死んだ魚を再び水に泳がすというふうな、そんなムリなことを言うのではない。くだけて言えば、『美味いものは宵（その日のうち）に食え』という、これを実行すればよいのである」

続けて、

「せっかく宵に食えば美味いものを、そうしないで、翌日に残して味を殺す。これが料理法の根本義に背くものだと知ればよいのである。牛肉など新しいのは硬くていけないが、これなど例外で、大体は新鮮が美味いと決っている。鯛の刺身のように獲りたてもよし、一日位手当したのもよしというようなものもあるが、小魚に至っては、なんとしても水切りに近いものを良しとする。蔬菜はなおさらの事であると知らねばならぬ。

土を離れて時の経つにつれ、味が良くなるなどという蔬菜は、まずあるまい。これだけ知っても、美味い料理はできるはずである」（以上二文、『独歩――魯山人芸術論集』）

魯山人は単純なことしか言っていない。

よい蔬菜を求めることも大切だが、それにも増して肝要なのはすぐに調理して時を移さずに食べることだという。いかなる良材も、とくに野菜は貯蔵すると味が落ちると。どれもちょっと気を遣うとできるはずのことである。

冷蔵庫と魯山人の最晩年

「せっかく宵に食えば美味いものを、そうしないで、翌日に残して味を殺す」と言った魯山人だが、最晩年では事情が異なっていたこともここで触れておきたい。

星岡茶寮（ほしがおかさりょう）は今から八、九十年も前にアメリカの大型冷蔵庫を設置し、冷蔵温度を魚介類用と蔬菜用の二種に分けて使い、その数年後には客室にクーラーを設置した。これらはどれも日本の料亭ではじめてのことだった。

魯山人は冷蔵庫の便利をつくづく感じたようで、茶寮を追われて星岡窯で日々を過ごすようになると、冷蔵庫のない生活に不便を感じるようになった。それで昭和二十九（一九五四）年に欧米旅行に出かけることが決まった際には、アメリカでの講演や個展や、ヨーロッパでピカソやシャガールに会うことや、欧米各国の名所旧跡を巡ることや、欧米の美食を堪能することのほかに、アメリカで大型冷蔵庫を買って帰ることが目的の一つになっていた。これは筆者の勝手な推測だが、そちらのほうが魯山人にとって重要だった可能性がある。

最晩年の魯山人は、容赦のない毒舌のせいで世の中に嫌われ、孤独な生活を送っていたが、そんな中で親しい者から珍味を届けられると身にしみたらしく、贈り主の親切心を食べて食品には手をつけず、冷蔵庫にしまい込むことが多くなった。冷蔵庫は孤独を癒す役割も果たすようになっていた。

最晩年の彼は、辛い幼年時代を思い出したり、息子が早世（そうせい）したことや、娘の行方がわからないことがあり、またわずかな給料しか貰えない職人たちがこっそりと陶器を焼いて魯山人作として売っているのを知ったりして、うちひしがれていた。

そんなときに父親と幼い娘のラジオドラマなどを聴くと、娘のことを思い出して涙することが多くなった。そんな姿を、魯山人のもとで料理修業をしていた懐石辻留三代目の辻義一（当時二十歳）や、のちに口述筆記の仕事で魯山人邸を訪れた阿井景子（当時二十三、四歳）らが見ている。

晩年の魯山人は娘の和子と訣別していたが、死の床に就いたとき側近に頼んで娘を探させた。娘の住まいはわかったが、報告の内容に絶望して魯山人は娘と会おうとしなかった。青山二郎は「魯山人傳說」（『青山二郎文集　増補版』小澤書店、平成七年）の中で、平野雅章の言葉を介してそのことをこう綴っている。

「和子さんには先生は最後まで会はうとされなかった。そのことに就いては、先生は一切私に話されなかった。和子問題を迫る人が訪ねて来ると、先生は私に座を外させた。病院でも、和子さんは窓越しに病床の先生を見た程度である」

魯山人は娘を溺愛していた。

母親が荒川豊蔵の元に駆け落ちしてしまって、娘をひどく不憫に思っていた。自分の幼年時代の記憶と重ねて居ても立ってもいられなかったのだろう。魯山人は娘の部屋を新築し、ピアノを買い与え、星岡窯の職人の子どもたちに小遣いをやって遊び相手をさせ、夜は家政婦に添い寝をさせた。彼がこの時期に離婚と再婚を二度繰り返したのは、自分が必ずしもいつも家にいるわけではなく、娘に母親は必要と考えてのことだったと思われる。しかし再婚はどちらも長続きせず、魯山人は以後結婚をしなかった。

父娘のラジオドラマを聴いてひそかに涙しているのを見た阿井景子がつぎのように書いている。魯山人から冷蔵庫の結氷の除去を頼まれ、冷蔵庫の中に友から贈られた古い缶詰がいくつも入っているのを知った日のことである。

「『捨ててはどうですか』

掃除の終った冷蔵庫にビン詰を収めようとするM子、A子に私は注意した。魯山人は珍しい輸入品のビン詰を幾種類も冷蔵庫に保存していた。

だが随分日が経っているのか、フタはさびつき、ラベルは変色し、ビンの中味はかびている。

『食べられませんよ、これは……』

『でも、捨てると叱られます』

M子の返事をきいた私は、洋間の魯山人のもとへ行く。

『先生、ビン詰にかびが生えています。捨ててもいいですか』

『ええよ』

魯山人はいとも簡単に許可した。勇を鼓舞して申出た私はほっとする。魯山人が人々の言う〝わからず屋〟ではなかったからである。私は世間の噂が如何にあてにならぬかを痛感した。人々は魯山人を畏怖するだけで、ぶつかろうとしない。魯山人が苛立ち立腹するのは、彼等が唯辻褄をあわせ、誠実な優しさ・濃（こま）やかさを持ちあわせていないからだと……」（阿井景子『わが心の師　清張、魯山人』中公文庫、平成十三年）

「真の美味はシュンにあり」

（『魯山人料理控』）

「走り物にうまいものなし」とも魯山人は言っている。また、日本人は初物をありがたがるが、本当に美味いのは時期が違うとも述べている。

シュンとはどういう意味だろうか。野菜や魚介が、店先にいちばん並ぶ時期のことだと思っている人が多いのではないか。『広辞苑』は「魚介・野菜・果物などがよくとれて味の最もよい時」と説明している。この説明、慎重に読めば「よくとれても味が悪いときはシュンとは言わない」、「シュンは味がいいときのこと」と述べてもいるわけである。

『美味求真』はシュンをどう書いたか

確かにシュンは必ずしも「出盛り」を意味しない。出盛りの時期にはシュンを過ぎているものがある。

シュンについては、木下謙次郎の『美味求真』（啓成社、大正十四年）に詳しい。この本は「食」について書かれた日本ではじめてのものといっていいだろう。星岡茶寮開寮の年に出版され、わずか三か月で五十版を重ね、その後続編、続々編が出て、すべてを合わせると四百字詰め原稿用紙で二千数百枚の分量である。

読みやすい本ではないのにそれほど読まれたということは、当時の日本人の食への関心と教養の高さを示している。星岡茶寮が成り立ち得る文化的な基盤が、この時代にあったことがこのことで理解できるわけである。

この本の説明を続ける。

木下は魯山人より十四歳年上で、貴族院議員、関東庁（中国からの租借地・関東州の統治機関の民政部門）長官などを務め、所属政党をめまぐるしく変えたので「政界の策士」とも言われた。美食家を自任していたものの、食の専門家というわけではなかった。木下には民俗学的な視点と学究肌と相当の網羅癖があって、右の書では昆虫食から人肉食までを紹介している。

他に当時出版された食関係の著書としては、波多野承五郎（実業家、ジャーナリスト）の

『食味の真髄を探る』や、大谷光瑞（浄土真宗本願寺派法主、探検家）の『食』や、村井弦斎（ジャーナリスト）の『食道楽』があり、戦後の昭和二十、三十年代には大河内正敏（理化学研究所所長、物理学者）の『味覚』や、本山荻舟（ジャーナリスト、随筆家）の『飲食事典』などが出版された。

つまり木下がこの本を出版した時代は日本人が美食に関心を持ちはじめた初期の時代、美食の黎明期だったといえるだろう。その後グルメ本が出ても、かつてのような学究的な本がほとんど出ていないことを考えると、現代の美食はオタク人の趣味に留まってその先に行かず、自然観に乏しいとしか言い様がない。「美食」を思想にまで引き上げたのは魯山人がはじめてで、その後こういう人間は出ていないといっていい。

ちなみに右の人びとが執筆のさいに意識したであろうブリア・サバランの『美味礼賛（味覚の生理学）』は、『美味求真』が上梓されたちょうど百年前の一八二五年に出版されている。

先の各著書に対する魯山人の評価だが、どの本にも肝心の「食の悦び」が感じられなかったからだろう、「美味求真その他の著者は、美味を要求せずして美味を語っている。もっとも社会も美食を要求していない」と酷評、「学ぶに足るほどのものはない。各々美味道楽の体験に貧困が窺えて、敬読に価いしない恨みがある。（中略）先天的素質に物言うものがないためという理由もあろう」（以上二文、『独歩――魯山人芸術論集』）と切り捨てているが、シュンとは何かについては木下の『美味求真』がよく説明しているので、当該部分をランダムに抜き出してみる。

「シュンとは物の味に付ての言葉なり。季節とは捕獲に付ての最好季を云ふものにして、肉味に付ての意味にあらず」

「時ならざれば食はずとは、定時以外に食はずと解する人あれど、こは正しからず。食物の季節に関する注意のことと解するを正当とすべし」

「凡て動物は性慾発生以前の若きものは水分多く滋味少く、性慾既に衰へしものは脂肪落ち、肉硬く味よからず。生殖慾の発生して其の衰へ始むるまでの間を動物の壮盛期と云ひ、気満ち肉肥ゆるの頂上なりとす」

「既に交接を始むれば雄は食を忘れて雌を得ることにのみ熱中するが為めに肉味は落ち去るものとす。雌は交接後は栄養、卵巣方面に集中するが故に是れ亦肉味の減ずるは免れ難し」

「産卵時期を境界として、産卵前は最良の時、産卵後は最悪の時なりと云ひ得べし」

「老域に達して性慾の起らざるに至れば、肉味全く衰へ去って再びシュンの回復する時期なかるべし」

「旧暦一日十五日の満潮の折には漁獲多きものなれば、年中に於て、三月と四月の満潮の折こそ漁獲の最高季節と云ひ得べし。然れども此の季節必らずしも魚類のシュンならず」

「又た魚は産卵前には其の準備として陸岸近く集り来り、鳥獣は人里近く出で来りて餌を取るものなれば、此の時季こそ捕獲に最も便利なる時にして、往々にして肉味の最良季節と一致する事もあれど、産卵後に於て却って捕獲の最良期に向ふ事あり」

「鰻も此の時季に簗（川の瀬で魚を捕る仕掛け）に入るものなるが、鰻は海に入りて一月頃より産卵するものと思はるゝを以て、十一月十二月頃の海に落ちたる後こそシュンの頂上に達するものと云ふべし」

「動物のシュンに注意すると同時に、其の年齢も亦食味に非常なる関係を有するものなるは前にも述べたる如し。若きに過ぐるものは水分徒らに多く味成熟せず。老年期に向へば肉硬く脂肪落ちて味よろしからず。故に若くとも生殖を始めたる以後のものならざるべからず」

「鶏のスープを取らんとする時は雄の老鶏最も宜し」

「本邦人が若鮎、初茄子杯初物又は若きものを喜ぶ傾きあるは、味の真を選ぶ意味なりと云はんよりは、寧ろ一種の物数奇より来るものと云ふべし」

「物のシュンは気候が動物の肉味に及ぼす自然の関係と見るべきなるが気候が人体に及ぼす影響により食慾食味にも関係あるは閑却すべからざる事なりとす。学者の説に、熱帯地方は果実食、温帯地方は菜食、寒国地方は肉食を適当とすとあるは土地に適応する必要より由来するものなるべきも、気候が人体に影響したる食味の関係を間接に説明したるものと云ひ得べし」

「春夏は淡白なる野菜、新鮮なる果実が好ましく、秋は新穀の新なる香気に食慾唆られ、天高きに当り肥ゆるもの豈独り馬のみならんや」

「動植物共に季節の外、其の産地により味に非常なる差別ある事を知らざるべからず。地方の名産と称するは風土、気候、餌料等の関係より、産地独特の美味佳香を有するものを云ふなり」

「又た一個体の中に付ても各部位により味に格段の相違あることも知らざる可らず。大体に於て果実は頭の方、蔬菜は尻の方美なり」
「同一の場所に産したる物と雖も品質に夫れ〲優劣あるは、譬へば兄弟に賢愚の別あるが如し」

松茸と筍の美味しい時期とは

シュンの意味するものはおおよそこんなところだが、ではシュンならば手放しでいいかというと、調理人としてはそこが難しいとして、魯山人はつぎのように述べている。

「試しに秋もたけなわの松茸の真盛りのとき、松茸の香味の絶頂に達したころ、三流どころの料理屋ならいざ知らず、もし一流二流どころの料理屋において、この季節ものをもって、得たり顔に使うとしようか、決して思うように顧客の歓心を買い得るような効果は上がらないのである。季節、季節と口やかましくいいはやす者ほど、その季節には朝に昼に晩に、季節ものを口につづけて倦くものである。いかに季節に香味があると言っても、一日に、朝、昼、晩とつづけたのでは、せっかくの美味もその効果を失うものである」（『魯山人料理控』）

魯山人は、松茸の盛りに松茸料理を出すことはしなかったようだ。

松茸の難しいところは、採って二日三日置くと香りが失せてしまうことである。国産の新しい松茸は近くを通るだけで強く匂う。香りが失われてしまうと、松茸は名のみになる。

そんなふうに採取のあと刻々と変化し、香りを失ってしまう松茸の「変育」について、魯山人はつぎのように語っている。

「松茸にしましても、この頃の山へ行って、採った場所ですぐさま食べるのが、一番美味いのです。京都あたりから、沢山送られて来るのですが、途中籠の中で変育して、届いたときは発送時より大きく育っています。栄養を摂取しなくて育つのですから、痩せるにきまっています。従って変味します。筍にしましても、送ったときに五寸のものが、届いたときは六寸になっているという現象があります。これは野菜が生きたようで死味に近づきつつある証拠です。ですから、ほんとに生きている物を食べるという心掛けが美食には必要となります。生きた野菜でなければ、真の美味は摂取出来ないわけです。魚や野菜の生きているか死んでいるかを見分けるには、魚では容易に分っても、野菜では簡単に判りません。だから野菜では採りたてがよい、採りたてに近いほど良いとしてあります」（『独歩——魯山人芸術論集』）

まさか松林や竹林で調理せよと言っているわけではないが、松茸や筍の本当の美味しさを味わうならそれくらいの気持ちが必要だと言っているのである。

筍については星岡茶寮の春のメニューに積極的に加えた。筍がシュンで出回っている時期でも、掘って直後の筍の味を知る者はなかなかいないからである。

普通は、私たちは掘って一日以上経ったものを食べていて、魯山人に言わせるとこれは変味しているから本当の味とは遠く離れている。それで掘って数時間のものを星岡茶寮で食べさせてやろうというのが「筍じき鰹煮」だった。

筍を掘ってみればわかることだが、筍の根元のイボイボはすぐに紫色に変色してくる。そのことで筍の中で急激な変化が起こっていることがわかる。

色がついてくる前の筍はえぐみがまったくなく、かつとても甘い。そのまま食べられる。この状態の筍の味を知る人は少ないから、魯山人は巷に筍があふれている時期でもメインのメニューに取り入れた。筍のつけ焼き(口絵写真参照)のほか、筍じき鰹煮を魯山人は得意とした。この筍じき鰹煮について、傍(かたわ)らにいて見ていた料理主任の松浦沖太が料理法を書いている。

「(先生は) 筍の皮をむいたかと思うと、パーッとぶつ切りにしてね、その筍が若くて新鮮だから柔らかくて、切口から汁が出てぷんぷんする。それを、大きな銀鍋にパッと入れて、酒をシャーッとかけて、出汁を入れる。それに、あんまり色を付けないように薄口の醬油と、塩と、わずかな砂糖を入れるんですわ。醬油は先生が焼いた壺に入れてあるんですが、それを杓ですくって、シャッ、シャッと入れるんです。火がボウッとついて、そりゃあ手際が実に見事でダイナミックでした。あがりに、削りたての鰹節を両手でもみ、パッと入れる」(『魯山人　味は人なりこころなり』日本テレビ放送網、平成八年)

勘所を魯山人はこう述べている。

「新しい筍を煮るのに、醬油、砂糖でできた汁を筍の肉深く滲み込ませるのは考えものなのである。日の経った筍や缶詰ものならそれもよいが、掘りたてのものであってみれば、煮汁を滲み込ませないよう中身は白く煮上げるのが秘訣である。こうしてこそ筍のもつ本来の甘味と香気が生き生きと働いて、春の美菜のよろこびがあると言うもの。孟宗の終るころ、はちく・やだけ・まだけが出て、孟宗の大味にひきかえ、乙な小味を楽しませてく

れる」（平野雅章『魯山人料理の極意　増補新装版』五月書房、平成十年）

シュンでなくても美味い筍があるとして、魯山人は十二月から採れる鹿児島や熊本の早掘り筍を褒めている。小振りの砲弾型のこの筍は春の筍とは異なって独特の歯触りと風味がある。いいものだと言う。

魯山人は強烈なこだわりの人だが、実際は鷹揚で間口が広く、自由なところがある。つぎの言葉がそのことをよくあらわしているだろう。

「不味いという物も慣れてみると存外な美味を発見することもあり、（中略）万人が万人みな美食家であり得るはずである」

「おでん屋ならおでん屋なりに、やはり面白く有意義にやれる（はずだ）」（以上二文、『独歩——魯山人芸術論集』）

料理のこつは「単純」にあり

バブルとともにはじまったグルメブーム。

これを牽引する形で美食家・魯山人は世間に再登場したが、そのイメージは奇っ怪なこだわりをもつ調理技術に長けた像であり、一般にはとても実践できない料理道の実践者としての人物像だが、これは明らかに実像と異なっている。

実際の魯山人は単純なことしか言っていないし、調理技術も同様に単純だった。なぜ単純だったかというと、答は簡単。料理は技術にあるのではなく、心と素材の解釈にあるのであって、調理法を複雑にすることは本当の美味いを失うことだと考えていたからである。誤解を恐れずに言えば、……これはあくまでも象徴的な言い方だが、魯山人の主張は、座り心地のいい椅子を晴れた日に畑に持ち出して、そこに腰掛けて、目の前のキュウリをもいで手でしごき、上等の塩をちょっとつけて、空を眺めながら齧るところにある、というようなものである。

魯山人が言う料理のこつはその気さえあれば誰にでもできるもので、単純なことである。たとえば、彼のご自慢の天ぷら茶漬では、前日の余った天ぷらを「こんがりと焼くと美味い」とか、「雑煮の餅は焦げ目がつかないと駄目だ」というようなことだ。出汁の取り方についても「出昆布を右から入れて左に出すと、もう旨みは出ている」とか、「鰹節は叩くとコンコンと音のするのがよい。それを鉋のいいのを使って薄くツヤツヤに削るといい」とか、そういうものである。残肴（残り物）絡みの知恵も多かったようである。

しかし早合点は禁物だ。魯山人は誰でもできるような簡単なことしか言っていないが、簡単だからといっても、そこが彼の主張する美食のこつであり、ここのところは妥協することはなくうるさかった。

晩年のことだが、岡本太郎らを連れて網代温泉に行き「伊勢海老を食べる会」をやったとき、魯山人が食べ方についてあまりにうるさく言うので場がしらけ、大いに皆の顰蹙を買ったという話がある。魯山人の場合、簡単に見えても、それは美食の根幹に関わる単純であって、そのことを語った言葉がある。

「ただ我々がなし得ることは、かかる自然の力の存在を悟るということだけである」（『独歩――魯山人芸術論集』）と言い、産地と鮮度と、そして調理にあまり手をかけないことが肝要だと主張する。

手をかけないのが料理とは？

じつはここに魯山人の料理に対する解釈と主張があり、また彼が食材についての知識や教養を不可欠と見なす理由がある。

たとえばアユ。

木津川がいいとか、庄川や四万十川、球磨川、九頭竜川、長良川がいいとか、お国自慢も手伝ってアユの名産地は全国にあるが、アユの美味さはそのはらわたにある。

雨が続いたあとは川が濁って、アユにとっては見通しが悪く、採餌が難しくなるので身は痩せ、肝心のはらわたが小さくなる。当然あの特有の苦味が少なくなる。

一方晴天が続いた日のアユははらわたが多く、苦味も強いわけで、そのことを知っていると美味いアユが食べられるが、ことはそれほど簡単ではない。

雨が降って川が濁ると、アユは餌の藻類などを上手く食べられないで泥を多く飲み込むからはらわたが泥臭くなる。雨が降っても川水が濁らない川であればこの問題はない。たとえば富山県の庄川は、生活排水が流れ込まないだけでなく、激しい雨が降ってもすぐに清流に戻る「濁り水三日の川」であることからアユの味が安定している。それで重宝されるのだろう、築地などへの出荷量が多い。また福井にはアユ自慢の九頭竜川があるのに、庄川のアユを出す料亭が多いのもこのせいだろう。

またホタルイカ。

これも断然富山がいい。なぜなら富山湾のホタルイカ漁は他の地方と違って定置網漁で、しかも漁場が沿岸部にあるから深海から産卵のために上がってくるホタルイカにとっては移動の距離が短い。体力を十分に保った、丸々と太ったメスだけが獲れる。他地方の漁法は底曳きなので、体力をなくして死期が迫ったオスがメスと混在して獲れる。富山湾の深層水の魅力を抜きにしても、ほぼ百パーセントメスだけの富山産はここが違うわけである。

先に戻るが、シュンを大きく外した早掘り筍は意外と香りがよく、歯ごたえにえも言われぬ幸福感があり、加えて筍の季節から遠く外れていることからくる新鮮味、そして春の予感を感じさせる喜びがあって、「促成栽培も悪いものではない」と魯山人は述べている。

ちなみに促成栽培は江戸時代のはじめから生ゴミの発酵熱を利用して行われてきた。日本人の初物（はつもの）好きは江戸時代のはじめごろからはじまったようで、江戸前期には初鰹、初鮭、初茄子、初茸が江戸っ子の初物四天王になっていた。「女房を質に入れても……」という言葉はこのころ生まれたようである。

日本人は初物が好き

数百年後の今日、日本人の初物好みは「初競り」にまでエスカレートして、平成二十五（二〇一三）年には大間（おおま）産の二百二十二キロのマグロが一億五千五百四十万円、サクランボ一箱（五百グラム）が十二万円、翌年と翌々年にはマンゴー二個が三十万円、その翌年の平成二十八（二〇一六）年には夕張メロンが二玉で三百万円、ブドウ一房が百十万円で競り落とされ、海外でもニュースになった。ちなみに外国では初物は出盛りより安いことが多いようである。

一方、秋の残暑を利用して収穫期を遅らせる抑制栽培も行われ、促成栽培、初物、出盛り、名残（なごり）と、日本人ほど季節の食材にこだわる国民はいないのではないだろうか。魯山人は促成栽培についてこう言っている。

「旬がうまいということは、今も昔も変らない。

しかし、促成野菜を味なきもののようにいうのは、促成野菜の価値を認識しない批評であって、促成野菜はいわゆる旬のものにない味わいを持っている。従って、軽々に取り扱うのは考えものである。（中略）

（今日では）促成と季節と楽しみは二つにふえているわけである」（『春夏秋冬　料理王国』）

「昔の料理は至極簡単なものであった。（中略）料理法は簡単素朴なものであったが、（それで充分だったのは）材料がしっかりしたものであったからだ」

（『独歩——魯山人芸術論集』）

魯山人料理の実際・「すき焼き」

これは単なるコメントではなく、自身の「食」が依り立つところを示したものでもある。誤解を恐れずに言えば、魯山人は新しい料理や調理法を編み出したというよりも、各地に伝わる「伝統料理」を鋭い味覚によって探し出し、それらに独自の見解と工夫と美とを与え、星岡茶寮で演出することで料理界を変えた人である。

もちろん魯山人は、新しい料理や調理法をたくさん編み出した。

肉と野菜や豆腐を互い違いに食べて、寄せ鍋風にしない「魯山人のすき焼き」は、関東風でも関西風でもない独自のものである。肉の両面を焼かないのは、両面を焼くと肝心の肉汁が半減するからで、すき焼き肉のような薄い肉を両面焼いてはグラム二千円の肉が三百円の味になってしまうからである。魯山人は分厚いステーキも片面しか焼かなかったという。

魯山人のすき焼きは、戦前と戦後ではやり方がやや異なったようだが、肉だけを焼いて酒と濃口醬油で味を調えて先に食べ、その肉汁で野菜や豆腐を食べる点は変わらなかった。肉は焼くのであって、汁で煮るようではいけないと魯山人は言っている。

最近はネギの長さにまでこだわった不思議な「魯山人のすき焼き」がそれらしく紹介されている。誰が創作したのかわからないが、本当の魯山人のすき焼きについては拙著『魯山人の美食』（平凡社新書、平成二十年）を参照されたい。

魯山人のすき焼きや鍋は、決して具材をクタクタ煮ない。

一口か二口で食べる分だけを鍋に入れ、火が通ったところですべてをすくい上げる。これを繰り返すと、いつまでもできたての状態で食べられるわけである。

煮すぎないことと同時に、客の心構えも必要だとして魯山人はこう注文をつけている。

「客になって料理を出されたら、よろこんでさっそくいただくがよろしい。遠慮しているうちに、もてなした人の心も、料理も冷めて、不味くなったものを食わねばならぬ。しかも、遠慮した奴にかぎって、食べ出せばたいがい大食いである」(『魯山人料理の極意』)

魯山人のすき焼きも鍋も、多くの場合割下(出汁や醤油、味醂、砂糖などで作る鍋用の複雑味のスープ)を使わない。酒と醤油だけ。若干砂糖を使うことはあったようだが、「**砂糖は味を瞞着する**(素材の持ち味をごまかす)」と言って、必要最小限にしか使わなかった。砂糖を加えると味がぼやけて、すべての食材がそれぞれの持ち味を弱め、どれも似たような味になってしまうからである。魯山人は素材が持っている天然の甘味を愛し、調味料で素材をいたぶることをしなかった。

「鯛のあら鍋」

「鯛のあら鍋」などをやるとき、魯山人は三人なら一度に一人宛最高二切れの、六切れしか鍋に入れなかった。星岡茶寮の支配人だった秦秀雄が「鯛のあらを食べる」(『追想の魯山人』五月書房、昭和五十二年）の中で、魯山人のやり方を書いている。

まず鍋に酒と醬油を注いで煮立たせ、あらだけを入れて食べる。それから一回分だけの豆腐を入れる。豆腐をすくい終えると、酒と醬油を煮たたせてあらを入れる。つぎに一回分のコンニャクを入れ、引き上げると、また酒と醬油を加えてあらを煮る。そのつぎは一回分の葱を入れ、つぎにホウレンソウを入れる。葱を例にとれば、あらから出た出汁を葱に吸わせ、辛みのある葱をまろやかにして甘味を引き出し、かつ鍋に魚味が濃くなっていくのを抑えるのである。

この繰り返しで、一回で食べる分だけを少しずつ入れ、それをさらってからつぎに移っていく。右の鍋はあらのみで、いわゆる身はない。星岡茶寮から大量に出たあらを星岡窯に届けさせ、魯山人はそれをこのような鍋にしていた。

「僕のやり方は（鍋の味付けを）初めをこく後程味を淡白にして行くあべこべのやり方なんだ」と魯山人は言っていた（「鴨を喰べる」『星岡』二十七号、昭和八年二月）

いずれにしても要点は、あらを一度にたくさん入れないことにある。

一度で食べられない量を入れてしまうと煮すぎが出、そこに豆腐や葱を入れてごった煮にしては、火がまだとおりきらないものや、とおりすぎてクタクタになったものが混じって味が落ちる。それを避けるのが肝心なのである。魚や野菜や豆腐の量と質が同じ場合、このやり方は決定的な差となって現れる。まったく違った料理、異なった味覚になるのである。

一概には言えないが、巷の寄せ鍋やうどんすきは見かけが華やかなだけで、和気藹々（わきあいあい）を別にすれば、食べ方としては「もったいない」と言っていい。

ここでもう一度、魯山人の言葉を復唱しておこう。

「たいを煮ると仮定しよう。三人か五人で食べるなべだとすれば、その人数が一回食べるだけの分量のたいを煮る」（『魯山人味道』）

「アンコウ鍋」

魯山人はすべての鍋をこのようにしたわけではない。アンコウは、グツグツ煮たほうが美味い。とくに皮や水袋（胃袋、浮き袋）やとも（ヒレ）はそうだ。

「魯山人のアンコウ鍋」はウドと松茸で煮る。

ウドの季節は春だと思っている人がいるかもしれないが、ウドは春と晩秋の二度芽を出す。寒ウドは春ウドとは若干味が異なる。

寒ウドの産地は滋賀や三重が知られるが、大方は栽培で、たとえば滋賀県北西部の朽木（くつき）針畑（はりはた）では十月から十一月末にかけて露地物が出る。丹波の松茸と朽木のウドを手に入れて、魯山人は天下一のアンコウ鍋を楽しんだようだ。丹波の松茸は今でこそ高嶺の花だが、当時は一盛りいくらで売っていた。この二地方は京都に近いから、魯山人はおそらく京都の錦市場でこれらの食材を手に入れたのだろう。


ところでこのアンコウ鍋、ウドとの組み合わせは魯山人のオリジナルかどうかはわからない。古くからこの相性のよさは愛されていたのかもしれない。

東京・神田にいせ源というアンコウ鍋の店があって、そこも少々だがウドを使う。ここのは楽しみ鍋（関東では寄せ鍋という）風で、焼き豆腐や糸コンニャク、椎茸、ギンナン、ミツバ、ユズ、色取りに絹さやなどを使う。魯山人なら「もっとウドを使え」と言うかもしれないが、これはなかなか楽しい鍋である。

「ウドの吉野汁」

ウドが出たついでに、魯山人の創作料理と思われる「ウドの吉野汁」を紹介しておこう。

魯山人が作るのを傍で見ていた阿井景子が記している。

「丸いテーブルに七輪、陶器のなべ、材料が並べられる。魯山人は味や香りがおちると言って、かつおぶしのかき置きを嫌った。

この時も、なべの湯がたぎる間にM子（魯山人自邸のお手伝いの女性）にかつおぶしをかかせ、糊抜きしたさらしの袋につめさせている。

そしてなべの湯が沸騰すると、さっと湯に袋をくぐらせた。だしが出ているとは思えぬほどの短さである。

『ほんのりと色がついていれば、だしは出ている。これ以上煮たてては汁がくそうなる』

魯山人は私の心を見抜いたように告げた」（『わが心の師　清張、魯山人』）

ここで魯山人の出汁の取り方に触れておきたい。

魯山人は昆布を湯の中に右から左へとくぐらせると、出汁はもう出ていると書いている。

阿井が感じたように、これはなかなかできないことである。しかし昆布にかぎらず、香りや色やコクは時間や温度とともに変化する。はじめに香りが出て、最後にはアクが出てくる。だから引き上げるには理想的な時間がある。もったいないと思って長い時間をかけると、くどいだけでどうしようもないものになる。

で、「ウドの吉野汁」だが。

「灰汁ぬきしたうどの薄切りを入れ、薄口醬油で味をととのえ、吉野葛でとろみをつける。仕上げにしょうがのしぼり汁をたらしただけだが、その味は典雅で、えもいわれぬ旨味があった。

私は感動した。魯山人に感謝した」（阿井、同前）

阿井が正確に記述しているとすると、鰹節の出汁に淡口だけで、酒も味醂も塩も砂糖も入れていない。それに葛と生姜の絞り汁だけ。

「三州味噌仕立ての小蕪汁」

さらにもう一品。ゲラ原稿を取りに行ったときに阿井がご馳走になったという「三州味噌仕立ての小蕪汁」を紹介しておく。これは星岡茶寮のメインメニューの一つで、魯山人の自家薬籠中の料理だった。

「いつものようにかつおぶしの袋を土鍋の湯にくぐらせると薄切りの小蕪を入れて煮る。蕪に火が通ったら、小口に切った三州味噌（八丁味噌。長期に熟成させた豆味噌で愛知県の特産）を目のこまかい笊に入れて二、三回洗った。これは三州味噌の澱粉をとるためで、魯山人は『星岡』の中で〝洗い味噌〟と称している。三州味噌は澱粉が多く、全部使うとドロドロするからで、五割ないし三割がよいという。

一煮立ちさせて鍋を火からおろした魯山人は、大ぶりの椀に汁をよそった。汁に泳ぐ小蕪の色が美しい。赤味を帯びた汁がさらさらしているのは、三割の洗い味噌だからと思われる。歯ざわりを残しながら、とろりとした小蕪、香りの湧き立つ汁の味。上品であった。余分な味、余分な火を切り捨てているので、くどくなく、さわやかである。熱い味噌汁のさらりとした味が、乾いた舌に快かった」（阿井、同前）

魯山人の創作雑炊である納豆雑炊や焼き魚雑炊は、ほのぼのとした温かさをもつ佳品である。天ぷら茶漬やマグロ茶漬、海老茶漬や塩昆布茶漬などは、約三百とおりの茶漬を試した結果行き着いた名作茶漬だ。

一見簡便に見える魯山人の茶漬には、当然彼らしい勘所とこつがあり、自作茶漬を紹介する小文では「私の語るのは、ことわるまでもなく趣味の茶漬で、安物の実用茶漬ではない」（『春夏秋冬　料理王国』）と断っている。その矜持（きょうじ）だけあって、なるほど舌の肥えた者ならではの微妙な工夫がある。ほかにもいろいろの美食を魯山人は考案、創作した。

「納豆雑炊」

ここで大傑作と言える魯山人の「納豆雑炊」を紹介しておきたい。いくら文章を読んでも美味までは伝えられない。百聞は一食にしかずで、手間がかからない一品だからどうか試みて欲しい。昭和十四年の『朝日新聞』で魯山人が紹介した作り方はこうである。

「お粥を拵えて、粥の量の四分の一か五分の一の納豆を加え、五分もしたら火からおろせばよい。納豆はそのまま混ぜてもよいが、普通に納豆を食べる場合と同じように、醬油、辛子、ねぎの薬味切を加えて、充分粘るまでかき混ぜたものを入れるとよい。雑炊の上から煎茶のうまいのをかけて食べるのもよい。通人の仕事である」

しかしそれでもなお、これらの「食」の仕事は魯山人の大仕事とはいえない。

彼の大仕事は、先に触れたように、各地の伝統料理を探し出し、それに新たな息吹を与えたことである。魯山人はこう述べている。

「お国自慢じゃ味覚は語れんよ。各地のものを食って比較しなくちゃだめだよ」（秦秀雄監修『北大路魯山人作品集』文化出版局、昭和四十七年）

欠かさなかった美味探訪の旅

実際魯山人は時間さえあれば地方へ美味探索の旅に出かけた。戦前は初代黒田陶苑（陶器商）の黒田領治を連れて、戦後は久兵衛（銀座久兵衛）の今田壽治（初代）を伴って。美味い魚があると今田に調理させ、あるいは現地で寿司を握らせたこともあったらしい。

あるとき魯山人は備前（岡山）でとびっきりの鯛を見つけたが、あいにくナマクラな出刃包丁しかなかった。それで魯山人はその包丁を持って外へ飛び出し、道路のアスファルトで研いだという。

そんな魯山人の姿は、岡本かの子が小説『食魔』で描いた主人公の食への執念を彷彿とさせる（かの子は魯山人の親友・岡本一平の妻。一平から魯山人の行状を聞いたといわれる）。

魯山人はこのような美食探訪の旅をつうじて俚(さと)びの味を各所で発見し、星岡茶寮の檜舞台に引き出して雅びを与えた。あるいは見出した地方の珍味を白木屋(しろきや)（のちの東急百貨店）の地下売り場の「魯山人・山海珍味倶楽部」や三越で販売し、そのための専属加工場「くろ木や食料」（黒田領治の「黒」と白木屋の「木」から命名したという）を作ったりした。昭和十年代半ばの話である。

つまり先の魯山人の言葉「昔の料理は至極簡単なものであった。料理法は簡単素朴なものであった……」は、これらの熱心な仕事を背景にしたものなのである。

食材の厳選、単純で素朴な調理、持ち味を生かして材料をいじりすぎない、心を込めて調理、これが「食」における魯山人の態度であり金科玉条だった。

魯山人の料理演出法

では魯山人は地方でどんな料理を見出し、俚びの味にどんな雅びを与えたのだろうか。

魯山人没後の回想座談会の中で、八勝館（魯山人が贔屓(ひいき)にした名古屋の料理屋旅館。現在は料亭）の支配人だった松田伴吉は、魯山人の演出法をこう語っている。
「今では当たり前になってしまった一品ずつ料理を出すという方法は、昔はなかったんです。昔は本膳ついて、その横に二の膳、さらに吸い物膳と、お膳が三つぐらいあって、それぞれの膳に三、四の料理が乗っていて、始めからドーンと全部出しちゃってた。そして、しばらくすると吸い物を吸い物膳に運んだもんです。いわゆる江戸料理で、いかにも野暮といえば野暮ですね。今でも、宮廷とか神社とかではそうやっている。それを魯山人は変えたんです。

魯山人は土地の人なら誰でも知っているような食べ方をやったんです。明石の人は鯛をこうやって食べるとか、牡蠣（かき）でも蛤（はまぐり）でも地元の人は捕って来てサッと食うとか、鰈（かれい）はちゃんとしたものを買って、家で切って塩をふって焼けばうまいというようなことを、恐らく京都で勉強したわけでしょうね。それを、自分が東京で店をやる時に活かしたんですよ。また一方で、古美術の鉢を売らんならんもんで、その鉢に盛ってくるわけだ。それで今日の鰈がそれほどいいものでなかったら、横に地芋のうまいやつを置けってなもんで……。うろたえた人もそれはいたですよ。そうでしょう。焼き魚の横に地芋の煮たやつがゴロッとついてるんですから、今まで本膳ばかりで食っておった人には、全く不思議な感じだもんね。

　今はそれほど良くもないお皿で一品ずつ一人ずつに運ばれてくるでしょうけど、もし演出しようと思ったら、例えば、魯山人の鉢みたいなものの真ん中にメロンを入れて持って来て、目の前でパッパッと切って、フォークを、添えるんではなくグサーッと差して出せば、お客としては食わにゃしょうがないというふうになる。それは新しいわね。そんなことはやはり魯山人が最初にやった。

日本料理ということで言えば、相当偉大な演出家だった。第一に、座に芸者を入れなかった。第二に、仲居さんがお酌をしない。この二つだけでも大変なことだった。しかも、そのように実行して評判がよかったということは、何かを意味していますね。私どもの料理の出し方も結局は魯山人の真似です。

　事実、料理なんて材料をなぶればなぶるほどいけません。仮に地芋みたいなもんでも、本当にいいだし使ってころんと炊けば、それはうまい」（座談「魯山人をめぐる人びと」『太陽』昭和六十四年五月号、平凡社。傍点原文）

　調理という面で言えば魯山人の料理は至極単純で誰にでもできるものが多い。にもかかわらずそれができないのは、素材の厳選をおろそかにしているからか、料理への根本的な理解がないからか。先の松田の言葉を借りれば「材料をなぶる」からで、調味料に頼ることや複雑な味を作ることが料理だと勘違いしているからではないだろうか。

それと肝心なことは、味見を丁寧にたっぷりやることである。美食に近づくにはここをいい加減にやってはいけない。

「そんな少し喰ったって分るもんか、もっとどしどし喰って、それからようやく分るんだよ」（「語録」『季刊銀花』八号）

右はフグの味について語った魯山人の言葉だが、味見の態度にもそのまま当てはまる。

足し算の料理と引き算の料理

もともと日本料理は複雑な味付けを好まない。味噌や醤油や酢、出汁、これが基本で、これに日本酒や味醂、あとは塩と砂糖が基本である。

ところが最近の日本料理は西洋料理化しつつある。西洋料理はさまざまな香辛料などを複雑に混ぜた微妙なソースで食べる文化である。一種の錬金術であり、とにかく混ぜたがる。そしてそんな味をありがたがる。揚げたり蒸したりしたものを塩だけで食べるという発想はほとんどない。

たとえば早春の味覚であるフキノトウは、天ぷらにしてもフキノトウ味噌にしても美味しいが、何といっても素晴らしいのは煮浸しである。これは栽培物ではなく野にあるものがよく、雪国の、雪解け直後のもののほうが香りがいい。

調理法だが、まずフキノトウを水洗いして、塩をひとつまみ入れた熱湯で二分ほど茹で、色を鮮やかにして冷水に取る。二、三十分水にさらしたあとやや固く搾って、味醂と醬油を薄めに加えた出汁で水気が少なくなるまで煮る。冷蔵庫で四、五日はもつ。素晴らしい味である。地方によっては鰹節を絡めるようだが、それでは鰹節の味に早春の香りが紛れてしまうから、何も加えない引き算の調理がいい。魯山人風の調理法といえるだろう。

錬金術的な足し算の味付けがしだいに日本料理に入り込んできて、この数十年の間に日本料理は西洋料理化しはじめている。混ぜて微妙な味付けをすることが、さも腕のいい料理人であるかのような時代である。文化的には、西洋料理は足し算の料理で、日本料理は引き算の料理と魯山人は捉えていたのではないかと思う。

「昆布とろ（おぼろ昆布）の吸物」

魯山人は『春夏秋冬　料理王国』の中で、お気に入りの味を何種類か紹介している。どれもあまりにも単純で、どこが魯山人の美食かと疑われるようなものが多いが、たとえば彼が書いている「昆布とろの吸物」はその代表例である。

昆布文化といえば関西と北陸がよく知られているが、魯山人が関西のものとして紹介しているこの吸物は、じつは富山や石川、福井などの北陸地方に多い。で、その作り方はこうだ。

「鰹節のだしをとり、それに薄口醤油を入れ、普通の汁よりちょっと水っぽくして、それを椀の中のとろろ昆布の上から注げばよろしい。ただし、それには条件がある。この中に葱の微塵に刻んだのを入れるのと、入れないのとで味が非常に違うということである」

富山では葱を刻んだのを必ず入れる。季節によっては柚子を刻んだのを入れたりする。簡便で無欲な、しかし大変美味な吸物である。

魯山人は「（とろろ昆布の）まっ白く削られたものがよろしい」、つまり「とろろ昆布は上等の白いとろろを使え」といっている。しかしとろろという呼称は誤りで、正確には

「おぼろ昆布」で、この料理は正しくは「おぼろ昆布の吸物」というべきである。

おぼろ昆布と、とろろ昆布の違いである。

おぼろは上等の肉厚昆布の表面を小刀で梳(す)いた鉋屑(かんなくず)状のもので、梳きはじめは表面が黒いから黒おぼろ、そのあとの芯部分は白いから白おぼろ、あるいは太白(たいはく)おぼろ昆布と呼ぶ。黒おぼろと白おぼろは昆布の表面か芯（内側）部分かの違いで味や食感も違う。梳いていくと最後に薄板状の半透明の昆布が残るが、これを鯖寿司やバッテラの上皮に使う。あああれがそうかと思い出される方も多いだろう。

一方とろろ昆布は、中品質の昆布を何枚も重ねて圧力をかけ、貼り合わせたかたまりの側面を機械で削ったものである。木目(もくめ)調の鉋屑のように見える。貼り合わせた昆布の側面を削るから、昆布の表面も芯もすべて均一に入る。魯山人は「昆布とろの吸物」料理で「上等の白いとろろを使え」といっているが、正しくは「上等の太白おぼろを使え」である。おぼろととろろの呼称は昔から混乱して使われているので、魯山人に罪はないだろう。昆布消費量日本一の富山人たちも混同して平気でいる。

この吸物に使うのは醤油は淡口と魯山人は断っている。播州龍野の淡口のことだろう。現在発売されているヒガシマル醤油の「龍野乃刻」がそれに近いようだ。

葱は、魯山人は北陸がいいと推奨している。おそらく富山県砺波市庄川町の金屋根深（金屋葱）のことだと思われる。金屋根深は京都の九条葱からの固定種だと言われているが、この地方独特の土質と気象条件の中で長い時間をかけ特化していった葱である。

魯山人はこの葱を大変美味いと褒めた。金屋根深はゼリー状のあんが多いことが特徴だが、その分、日持ちが悪く、栽培の手間がかかるだけでなく雪に弱いこともあって、現在は絶滅寸前である。

この葱も生のままではもちろん辛い。タマネギもそうであるように、葱類はどれも生では辛く、火を通すと甘くなる。それも刻々と味が変化していく。こういう繊細な野菜は他にない。他の野菜で、煮ればどんどん甘くなったり味が変わっていくものは少なく、これは葱だけの性質ではないだろうか。温度による変化の調子をコントロールすれば、最上の味を味わうことができる。それを按配を見ないでただクタクタ煮たり、刻み葱をかけていつまでも放っておいたのでは、葱に申し訳ない。

たとえば九条葱は、うどんや蕎麦の薬味にすると色合いも香りも素晴らしいが、その美味さは一分ともたない。温かい汁蕎麦やうどんにはやや厚めに刻み、湯豆腐や冷たいざる蕎麦には薄く刻む。温かい汁蕎麦に九条の薄切りを盛って数分置いたのでは意味がない。何に盛るのも紙のように薄く切って包丁の腕前を自慢するのは愚かである。

どのような形と温度で葱を食べるかは、イタリア人がパスタを茹でるときにアルデンテ（歯ごたえを残して茹で上げること）をうるさく言うように、葱のアルデンテを意識し、頃合いを過たず食べることができる者は、おそらくどのような料理も時を移さず美味く食べる才能の持ち主、つまり食通といえるのではないだろうか。

調理人もそのことがよくわかっていなければならない。

たとえば寿司にネギトロというのがある。マグロの骨近くの脂身をスプーンなどでこそげ取って、葱の微塵切りと和えたものを握りにしたり手巻きにしたりするあれだ。しかしこのネギトロ、どんな葱をどのくらい微塵にして、どれほどの割合で剝き身と和えるかによって大いに味が変わる。寿司職人の腕の見せどころである。

魯山人が気に入った金屋根深は、葱の中でも過熱するとすぐに風合いのある甘味を増す特徴がある。このように各地方には、流通に乗らないが魅力的な固定種がまだ栽培されているはずだ。

さて魯山人の「昆布とろの吸物」の続きである。

葱を微塵にして吸物に入れると辛みと甘味の間でしばらく揺れ動く。魯山人が刻みと言わず微塵と指定しているのは、この揺らぎの時間と味の変化の微妙を求めたものだろう。味噌汁に刻み葱を放つと、辛みは一分ほど揺れ動く。微塵ではその半分、あるいは三分の一の一瞬である。魯山人は「昆布とろの吸物」にこの一瞬の香りを求めて「刻み」ではなく「微塵」と指定しているのである。

「昆布とろの吸物」の出汁が鰹だけなのは、昆布で取っては昆布がだぶるからだ。出汁は重なるとしつこくなる。

おぼろ昆布を椀に入れ、醤油と熱い鰹出汁を注いで、そこに微塵にした葱を放てばでき上がりといえば一見工夫がないように見えるが、じつは十分に工夫された一品である。

このように魯山人の美食のこつは呆気にとられるほど単純なものが多いが、それが天下の美食となり得たのは、食材の徹底的な吟味と、時を移さない食べ方と、客の食欲の状態の見定め、そして場の雰囲気の演出である。

二十一年間にわたって魯山人のパトロンであり、魯山人の葬儀委員長を務めた福田家二代目主人の福田彰（初代女将・マチの実弟）は、魯山人のそのような味の魔術について、私との対談の中でこんなふうに述懐している。

「私は魯山人のもとへ遊びに行った折、そこで魯山人の手料理をご馳走になることがよくあったんです。それがものすごく美味しくてね。

北鎌倉の駅で降りて、星岡窯へと続くなだらかな道を歩いていく。やがて切り通しを抜けると、一面に田んぼが広がっている。その先に魯山人邸があり、『よくいらっしゃいました』と挨拶されて、料理を出される……。するとまるで魔術にかけられたような気分になって、どんな料理でも格段に味が違ってくるんです（笑）。

あまりに美味しいので、同じものを作ろうと思い、帰ってからやってみる。でも魯山人のところで食べた味にはまったく及ばないんです。私のところで仕入れている材料だって、魯山人のところのものとそう違わないはずなのに。これは不思議でしょうがなかった。

その場の雰囲気といいますか、星岡窯で食べると格段にうまくなるんです。きっと美味しい、不味いというのは純粋な味覚の問題以外に、プラスアルファが何かあるんだとその時思いましたね」(「昭和カリスマ列伝　永遠なれ北大路魯山人、日本の料理を芸術にした男」『諸君！』平成十九年八月号、文藝春秋)

美食の道もまた「温故知新」

魯山人のポリシーはどこにあったのだろうか。

魯山人は友人知人たちが揮毫した「温故知新」の扁額(室内や門戸にかける横長の額)を邸内の古陶磁参考館内部に巡らしていた。香淳皇后の父君で陸軍大将の久邇宮邦彦殿下の「温故知新」、東京美術学校長・正木直彦の「温故知新」、斎藤実首相の「温故知新」、帝室博物館総長・大島義脩の「温故知新」などを。

久邇宮や正木をはじめ皆能書家だったが、そのような理由で魯山人は彼らの扁額を巡らせたわけではなく、魯山人はこの文言を己の芸術活動の根本姿勢、座右の銘にしていたからである。

「故きを温ねて新しきを知る」は、揺るぐことのない彼の芸術信条であり、人生への態度だった。料理を芸術と捉える魯山人にとって、美食の道もまた「温故知新」だったのである。したがって冒頭の彼の言葉「昔の料理は至極簡単なものであった。料理法は簡単素朴なものであった……」が己の立ち位置を語ったものであることを、読者は理解されたことだろう。

こうして魯山人は、強烈なこだわりと情熱を以て地方に伝わる伝統食の探索をした。そして素材と調理の面において昔の単純に美味を見出し、昔の素朴に食の合理を学んでいった。何事にも研究熱心な魯山人はこう言っている。

「人の世で各々与えられている天恵の中でも命をつなぐ『食』、これをおろそかに受け取ることは相済まぬことである。数千数万の食物は、一々別々の持ち味を持っていて、動物に楽しみを与えている」（『独歩——魯山人芸術論集』）

また、

「止った時計は地金の価値しかない。絶え間ない努力精進によって昨日よりは今日、今日よりは明日と前進しなければならない。勉強、一生勉強なんだ」（同前）

「吸い物、清し汁は一切濃口（醬油）ではいけない」（『魯山人料理の極意』）

醬油へのこだわり

数ある調味料のうちで、魯山人がいちばんこだわったのは醬油である。

播州龍野の淡口を愛し、欧米旅行にも携行した。味噌を持って行ったかどうかはわからないが、魯山人のことだから持って行ったに違いない。ほかにはっきりしているのは鰹節と鉋と出汁袋（魯山人は薄手の木綿製の出汁袋を使った）と粉ワサビ。それらを持って、魯山人は機上の人となった。

アメリカに着いてすぐの歓迎会で、魯山人は豆腐などの日本の食材を手に入れて鰹節を削り、出汁を取って料理を何品か作り、迎えてくれたアメリカ在住の日本人たちにご馳走して喜ばれる。ニューヨークでは、名うてのすき焼き店でごった煮のすき焼きに呆れ、すき焼きとはと直接指導を行う。

こうしてあちこちで意気軒昂ぶりを発揮する一方で、ワシントンではぐでんぐでんに酔っ払って美術館を訪れ醜態をさらす。かつて星岡茶寮の会員だった富田幸次郎はこのときボストン美術館東洋美術部長の職にあったが、館内をご案内しましょうと申し出ると、「そんな物はどうでもいい。アメリカにはろくなものがない」と言い放ったりした。その言動に眉をひそめる者もいたが、敗戦国の芸術家の物怖じしない姿にひそかに喝采を送った者もいたらしい。

魯山人はアメリカで展覧会と日本の陶芸についての講演を終えるとヨーロッパに飛んだ。パリの名鴨料理店トゥール・ダルジャンでは同行の大岡昇平（作家）らを真っ青にさせる。三百七十年以上の歴史を誇る名店で、名物のソースをかけさせないで「焼いたのをそのまま横腹を切って持って来い。オレが食い方を教えてやる」と言って、風呂敷から醤油と練りワサビを取り出してワサビ醤油で鴨を食べたからだ。生涯で魯山人はいろいろな調味料について語ったが、いちばん多いのは醤油だった。

魯山人が中でも淡口醤油のよさを主張したのは、濃口では素材の持ち味を生かせないことが多いという理由からである。むろん彼は料理によって濃口も使い、たまり醬油も使った。臨機応変だったが、東京へ出て、関東の濃口醬油一辺倒の文化に失望したと述べている。

以下は、魯山人の長い料理経験、美食経験から得られた醬油論である。美食の参考になると思われるので、長文だが取り上げる。

「吸い物、清し汁は一切濃口ではいけない。薄口でなくてはお汁にならない。酢の物の醬油も、必要の場合は薄口にかぎる。酢の物は大体塩かげんしてあるから、必要も少ないが、洗い作りの醬油は、スズキ・カレイなども、ぜひ薄口でないとおいしく、軽く、涼しくいただけない。濃口だとモッサリして、色も濃すぎて調和を破りがち。だから、洗いの場合は絶対に薄口を用いることだ。それからそば出汁の醬油だが、東京では濃口を用いるが、これでは調子が低い。うどんは濃口でもいいが、そばはやはり薄口の方がよく調和する。そば屋の出汁で僕の気に入ったのは、京都の河道屋のそばの出汁だ。河道屋のそばの出汁は、非常によくできている。うどんは濃口の方がいいが、そばにはなんと言っても薄口がよろしい。濃口は味が下卑(げび)てくる。

それからニワトリを煮るとか、カシワ（主にアメリカから入った若鶏種(ブロイラー)に対して、日本の在来種である褐色の鶏のこと。「黄鶏」とも書く）を作るとか、カモのすき焼きなどは濃口でやっているが、やはり、これも薄口の方がいっそうよろしいものだ。鳥鍋などは濃口では見ただけでも、色が濃くておもしろくない。茶碗蒸しも濃口では色が赤くて、まずそうだから、これも薄口の方がよい。焼き豆腐、高野豆腐、ぜんまい、ゆば、焼き麩、椎茸、松茸、野菜などは、やはり、薄口醤油がよろしく、ウナギの蒲焼きとなると、濃口の方がよいようだ。

濃口醤油の方は、豆腐のあんかけ、うどんの出汁などによろしく、味も薄口ではピッタリと来ない。そうしたものには、あんかけなどはもっと濃い、溜(たま)り醤油という一段と濃いものを用いるのもいい。溜りであんかけを作ると、あんが黒くて、その黒いあんの中から、白い豆腐が見えて、見た目にも美しく、味もよく、実によく調和している。薄口醤油を使ってもかまわないが、大体濃口の方がよいようだ。

作り身、マグロ、サワラ、ブリなどのような油っ濃い刺身の醤油は、薄口ではまずいから、濃口の方がよろしい。薄口はアッサリした軽い魚（白身の）に用いるのがいい。油っ濃いものには、どうしても濃口でなければ出合わない。タイの刺身は、油っ濃いのとアッサリしたのとの中間だから、醤油はその人の好みで、濃いのを用いても、薄いのを用いても、どちらでもいい。飯には濃口がよく、酒の肴には薄口の方がよいようだ。サワラの照り焼きなども薄口を用いる。

漬け物には、薄口はいけない。関西では薄口を用いるが、薄口では塩からいところへ、また、塩からくなるからいけない。濃口の方がうまいように思う。

牛肉、イノシシ、馬肉のすき焼きなどは、濃い口の方がいい。牛肉とニワトリとでは、ちょうど、うどんとそばぐらいに違っているものだから、牛肉には濃口の方がいいのである。

ねぎま鍋の醤油は、油っ濃いものだし、もともと江戸前のものだから、薄口では出合わない。どうしても濃口がよろしい。湯豆腐、冷奴なども濃口の方を用いる。

おすしにつける場合も、やはり濃口を用いる。元来、すしは醤油をつける方がよいのか、つけない方がよいのか、よく人の口の端(は)に上るが、僕の考えでは東京のすしは、つけて食べる方がよく、京都のサバずしなどは、ちょっとつけていただいた方がよろしい。西京ずし、箱ずしなどは醤油をつけない方がよく、熟(な)れずしの類、例えば富山のマスずしとか、山北のアユずしとか、または期間の過ぎた発酵した、すっぱい二、三日も置いたすしは、全く醤油をつける必要がない。

うどんの出汁はどうしても濃口の方がよいようだ。上方（京阪）ではそばでもうどんでも薄口を使う。ハッキリとどちらがいいと決まってはいないが、僕はうどんには濃口の方がよいと思う。しかし、これはそういうものだと基本的に考えて、自分の好みで、いろいろ経験した方がよいように思う」（『魯山人料理の極意』）

「総じて魚の大きいのをよろこぶ人は、味覚の発達しない、味の上でのしろうとと言えよう」

（『魯山人料理控』）

天然の明石の鯛といえども大き過ぎるものはまずい。

魯山人の友人の外狩素心菴（とがりそしんあん）（美術評論家）だったか誰だったか私は忘れてしまったが、内祝いか何かで魯山人のもとに大きな鯛を届けた人がいた。その鯛を見て魯山人は「大鯛は恵比寿にでも持たせておけ。こんな馬鹿でかいものが食えるか」と言って突っ返したという。

魯山人は「オレはけなしているんじゃない。教えてやっているんだ」と親切心のつもりだったようだが、こんなふうに言われた日にはもはや魯山人のところに何も届けられないのが普通である。

しかし世の中にはそれでも懲りずに何かを届ける人がいる。

すると魯山人はこいつはなかなか見所のあるヤツだと気に入り、大いに親交を深めることがあった。

魯山人邸を訪れる人が減っていった晩年、そのような少数の支援者によって魯山人は赤貧状態を凌いでいた。最晩年を支えたのが福田家の福田彰や八勝館の杉浦保嘉、わかもと本舗の長尾欽弥・よね夫妻、久兵衛の今田壽治、懐石辻留二代目の辻嘉一と三代目の辻義一親子などである。支援者ではないが文部技官の小山冨士夫や画家の伊東深水は足繁く通い、きわめて親しい仲だった。

そのころの魯山人は現金収入が少なく、星岡窯の職人たちに給料を支払わねばならなかったから、自身の生活はほとんど物々交換状態だった。近所の魚屋の支払いも床屋の支払いも作品で済ませていたし、筆者の父が味噌や珍味を送り、あるいは電気料を肩代わりすると、代わりに石炭箱に藁詰めした皿や酒器が送られてきた。よほど感謝していたのだろう、素晴らしい出来のものばかりだった。

美味しい魚とは

さて食材の大きさについてである。魯山人はつぎのように述べている。

「原料は鳥にしても魚にしても余り成熟しない、中くらいのものがよろしいのでありまして、真に賞味出来るのはそういうものであります。鯛について申しましても四五百匁（二キロ弱。体長四十五センチ前後）のところがちょうど美味本位に当るので、一貫目から一貫目以上になると、非常に味が大味に落ちます。（中略）大きいのは形と色彩がよくて感じは立派だが、味は論になりません。それならば小振りのものが味がよいと言って、小さいものばかりに決めるかと言えば、度々のことになるとそうばかりもゆかない。只なにごとも単純ではゆかないのであります」（『独歩――魯山人芸術論集』）

世には出世魚というのがある。

寒ブリの産地で名高い富山湾に面した氷見地方では、ツバイソ→コズクラ→フクラギ→ガンドと名が変わり、三年魚になってはじめてブリと呼ばれる。体長一・二メートル、重さ十二キロほどのものがその名にふさわしく、体長が一メートルを超えないとこの地方の人々はブリと呼ばない。ちなみにこの地方でハマチは養殖ブリのことである。

なぜブリにこんなにたくさんの呼び名があるかというと、味がまったく違うからだ。氷見の寒ブリは、以前は十キロ以上のものしか指さなかったが、温暖化による不漁が続いて最近は六キロからブリと呼ぶことにしたようだ。しかし六キロのブリと十キロのブリとでは味が相当違うので、六キロのブリをブリと見なす富山人は多くない。

同じ十キロの氷見の寒ブリでもしかし、味は一匹一匹違う。太っているのもいれば痩せているのもいて、当然太っているものが美味い。こういううるさいことを言わない人は氷見ブリを買わない。なぜなら他県産はもちろんだが、同じ富山湾のブリでも氷見産は値が張るからである。

魚肉の味の違いはまず餌。太り具合。獲ったあとの魚の扱い。氷見の寒ブリを例にとろう。

北海道から南下し、厳寒期の「ブリ起こし」と呼ばれる雷鳴に驚いて富山湾に入り込んだブリ（ただし、ブリが雷に驚いて富山湾に入り込むというのが事実かどうかは不明）は、プランクトンの多い豊かな深層水で育った小魚や甲殻類を食べて数日、あるいは数週間のうちに丸々と太る。これがブリの味をすっかり変えるのである。

それだけではない。魚肉の味は船上での処理で変わる。

富山湾のブリ漁は定置網漁なので漁場はかぎられている。氷見では、獲るとすぐ活き締めにして氷水に入れ、氷締めの状態にして港まで運ぶ。活き締めにするのは、魚に無駄なエネルギーを使わせず味を落とさないためである。魚肉は死後硬直の直後から旨み成分が出て熟成の段階に入る。魚を船上で締めて血抜きをし、氷締めに一定の時間を費やし、死後硬直を遅くする。死後硬直が早いと腐敗も早くなる。ここの扱い方で魚肉の味はまったく異なったものになる。

同じ富山湾でも、他の港では漁場と漁港までの距離が近いために氷締めが十分に効かないまま漁港に入る。この差は当日はそれほどでもないが、一日経つと歴然としてくる。氷締めが効いたものは死後硬直が遅いので身が柔らかくならないが、十分に効いていないものは身が緩んできてしまう。

たとえ小振りの六キロのものでも、この理由で氷見のブリは珍重される。価格はその日の漁獲高に大きく左右されるが、通常は十キロ物で四万～七万円で販売され、漁獲量が少ないと一匹十数万円に跳ね上がる。それでも売れてしまうのが氷見の寒ブリである。

魯山人の鯛の見極め方

つぎは魯山人が語る天然「鯛」の見極めと調理の心得である。星岡茶寮での「活菜会(かっさいかい)（食通客を招いた美食勉強会）」の講演記録から抜き出してみよう。

「鯛は皆様がよく御承知の通り、魚の王と云はれる目出度い尊い魚でありますが、残念乍(なが)ら東京では海が悪い為か美味しい鯛を食べる事が出来ませぬ。強(し)ひて之を味はゝうとする様な場合には、他から取り寄せたものに依って辛うじて味覚を満足させる位なものであります。内地では何といっても先(ま)づ瀬戸内海産のものに指を屈せねばなりません。中でも鞆(とも)ノ浦（広島県福山市）辺(あたり)で取れる明石鯛がその最たるものでせう。併(しか)しそれも季節がありまして丁度此頃（三月初旬）から来月中――五月の中頃迄がシュンであります。その先になりますと魚が子を持ちますのでまづくなります。（中略）

次に鯛の大きさと、取ってからの時間の経過とは二つ乍ら味覚に影響を及ぼすものであって先づ大きさに就て言へば余り大きからざるもの、五百匁（二キロ弱。体長四十五センチ前後）を限度とした小さなものが宜しい様です。時には一貫匁(ママ)から一貫五百匁もある様な大鯛を用ひたりしますが、それは席上を賑はす為の装飾を兼ねた、目で味はう場合のみに限られてゐて、舌の八釜（やかま）しい人は決して五百匁以上のものは口に致しません。又、時間の点から申しますれば、何といっても新鮮なものは直覚的に食慾を刺戟させられますので実質上の味は第二になってゐてもさう問題にはなりません。けれども五百匁位の鯛ならば、腸を取り去って一日か一日半位倒（さか）さに釣（つる）して置いたものを食せば一番美味しい様です」（「鯛、鯛の料理」『星岡』四十一号、昭和九年四月）

網で獲ったものと釣り物とで味がまったく違うのは、網だと魚同士がぶつかり合って傷ついてしまうだけでなく、急激なストレスが加わるために網の中で仮死状態になったり、圧死したりするからである。

釣りでも、船上や陸に揚げていつまでも暴れさせては同じことになる。こうなるとストレスによって肉に含まれるアミノ酸が分解して味が落ちるだけでなく、身割れしたりする。だから釣ったらすぐ活き締めにし、氷水に浸けて運ぶのが理想で、この扱いが魚肉の味を決定的にする。

市場で買ったあとの持ち帰り方によっても味は変わる。揺らすと、魚同士がぶつかってやはり身割れしてしまう。

魯山人が大雅堂美術店の二階で美食倶楽部をはじめたころ魚河岸は日本橋にあり、大雅堂まで八百メートルほどだった。魯山人は手伝いの武山一太（のちに星岡茶寮の二代目料理主任）に自転車で運ばせず、担いで運ばせたのはこれが理由である。

魚河岸が日本橋から築地へ移転したのは、大正十二（一九二三）年九月に関東大震災で壊滅したからで、このときは美食倶楽部も焼失した。魯山人は一年半後、赤坂山王台星岡に残されてい星岡茶寮（鹿鳴館の向こうを張って明治十四年に清談会食の場として建てられた建物。通称「華族会館」）を再興する趣旨で天下一の料亭を開業する。このとき魚河岸は三か月間限定仮設の芝浦市場から海軍省所有の旧外国人居留地である築地の仮設市場へ移っていた。

築地市場の正式の開業は昭和十（一九三五）年だから、それまでの仮設の状況はわからないが、築地から赤坂までは距離にして約四キロ、担いで運んだはずはなく、トラックを使ったと思われる。きっとノロノロ運転で運んだのに違いない。

このように魚は獲れてからどう扱うか、どう運ぶかが最重要である。

あるとき久兵衛二代目の今田洋輔氏とそんな話をしていたら、洋輔氏はまったくそのとおりですと言い、獲れた魚を活き締めにして、氷に浸けて、宝物のように丁寧に扱うのは日本人だけで、ここに日本の魚が刺身や鮨ネタになり得る理由があるんです、これが日本の文化なんですよと言う。そして、外国ではそんなふうに魚を手厚く扱わないので、鮨ネタにはなりません。外国から依頼があって現地で握るときは、ネタはすべて日本から持って行きますとのことだった。

魯山人も魚の扱いによくつうじていたから、武山には絶対に自転車を使わせなかったのである。

「そもそも米の飯を、日本料理中、もっとも大切な料理のひとつだと心得ている者があるだろうか」

（『魯山人料理の極意』）

御飯は最重要料理である

「米は美味いものの極致である」とも魯山人は言っている。

あるとき、いちばん美味い米はと問われて、魯山人は「昔朝鮮で王様にあげるために造ってゐた米があるが、之はうまい。但し非常に収穫が少い、今でも少い、之は非常にうまい、その上米粒の形もよく、見たところも非常に綺麗な米だね、但しうま過ぎて使へない」（「米に就いて」『星岡』五十六号、昭和十年五月）と答えている。これは「早丁租」という米なのだが、しかし、……

「うま過ぎて使へないといふのは何う（ど）いふ訳です」

不可解な答に質問者が質す。すると魯山人はこう持論を展開する。

「といふのはだね、米といふものは元来うまいものだ。うまいものの極致は米なんだね、米はうまいから我々が毎日食ってゐられる訳なんだが、特にうまい米はもうそれだけで充分なんだ。他に何もいらなくなっちまふんだね。殊にライスカレーなんてものに使ふ米は、少しまづい米でないといかん」（同前）

面白い意見である。ビール片手に上機嫌な姿が浮かぶ。

確かに魯山人が言うように、米と料理との調和という点ではそういうところがあって、何が何でも白米というのは間違いである。

台湾料理に魯肉飯（滷肉飯）というのがある。

豚の角煮と刻んだ高菜を台湾醤油と砂糖、米酒、油蔥酥（揚げ赤葱）で煮込み、これにゆで卵を加えたりして飯の上にのせるいわゆる大衆丼だが（日本の丼と違って、台湾では他に副食を用意する）、これが美味いのは煮込みの味付けだけでなく、粘り気がなく香りも弱い凡庸な米のせいである。この米飯が煮込みの汁を吸うと、白米では決して味わえない美味いものになる。米と料理の調和については中華料理全般だけでなく、インドカレーについてもそうだし、おそらく世界各国の料理に言えることだろう。

星岡茶寮の自室で、魯山人は先のような放談の時間を愛した。

その言葉は「ビール片手に放談する魯山人」とか「星岡交膝語録」というインタビュー・シリーズになって『星岡』誌上を飾り、読者を面白がらせた。魯山人にとってとびっきり楽しい時間だったようで、質問者に答えて「といふのはだね」とつねに白熱していく、先の交膝会話も「玄米のうまさと料理の相性」に移っていった。さて玄米は美味いのだろうか。以下は魯山人の答である。

「例へば玄米だ。玄米は非常にうまい。何日かも話したことがあると思ふが、二木さんが之を主張してゐる。しかし、玄米の他に御馳走をつけるのは、既に蛇足を加へるに等しい。玄米は非常にうまいために、あれだけで充分なんだね。だからいくらうまいからといっても料理屋では玄米を使へない。玄米なんか使ったんでは、他にもう料理を売る余地がなくなって了ふんでね」（同前）

二木さんとは、魯山人より九歳年上の医師で細菌学者の二木謙三のことである。戦前に玄米食を提唱した人だ。そこから話題は再び白米に戻っていく。

「僕などはどんな御馳走を食べても飯(白米)が出ないうちは淋しいね。僕は米が好きでパンより飯がいい方だから、洋食の時でも飯でないといかん、第一あの貧弱な洋食などでは、充分食った気がしないいんだね。だからライスカレーなど出て来ると、やれこれで飯にありつけたかと思ってうれしくなる位だ」(同前)

魯山人は、終生御飯(白米)を日本料理の最重要料理として位置づけていた。そのことがわからない料理人を嘆いている。

「料理屋というものの多くは、酒飲み本位に工夫されているために、たいていの料理人は、自分の受け持ちの料理さえ出してしまうと、後の飯がどうであろうと、一切お構いなしで帰ってしまう。それでは料理人としての資格はゼロに等しいと言われても、彼らは一向に頓着しない」(『魯山人料理の極意』)

魯山人は「(料理人たちの飯に対する意識が低いのは料理に対する)理想がないからだ」、「今の料理人に、果して米の飯を完全に美味く炊ける人があるだろうか――私はこれを危ぶまずにはいられないひとりである」（同前）と述べている。

朝食を最も大切にした魯山人

魯山人は三度の食事の中で、朝食を最も大切にした。うるさくこう言っている。

「朝食は簡潔でなければならない。それでいつも新鮮な感じを要するからそこが難しい。朝食が一番難しい料理だということは、大いに世間に言って聞かせる必要がある。みんな朝飯くらいとたかをくくっているから、特に必要だ」（「語録」『季刊銀花』八号）

しかし魯山人の朝食は至極単純なものだったようである。その中に新鮮な感じを込めるのが難しかった。

自邸での魯山人の日々の食生活はどんなものだったか。戦後一年間、星岡窯に入り、食事の下拵えをした懐石辻留三代目の辻義一が伝えている。

「（先生の）起床は六時で、（中略）朝ご飯は、みそ汁と干物、漬物と変わったことはありませんでしたが、朝からビールの小瓶を一、二本飲まれます。（中略）

朝ご飯がすむと、料理の材料を黒板に書いておいて、それを見ながら昼は何を食べようか、夜はなにかと相談が始まり、うなぎは江ノ島の何屋に行って買ってこいとか、いろいろ指示をいただき、自転車で走ったり、先生と一緒に買物に行ったりしました」（『魯山人・器と料理　持味を生かせ』里文出版、平成十年）

魯山人の、とりわけ御飯へのこだわりは別格だった。

どんなに干物が美味しかろうと、どんなに味噌汁が美味しかろうと、漬物が最高の状態で漬かっていようと、御飯が悪いと炊き直させた。

炊き直しの時間が待てないときはビールですませ、妥協しなかった。

魯山人が大阪星岡茶寮に出張して来て、茶寮に宿泊した翌日の板場はピリピリ緊張したという。これを魯山人の傲慢ととる向きもあるかもしれないが、このような態度によって星岡茶寮の味のレベルはつねに日本一を持続できたわけである。

魯山人の側近の一人だった林柾木（まさき）は「星岡茶寮において魯山人の朝食がいちばん難題だった」と述べている。以下は『星岡』第六十八号（昭和十一年六月）に載せられた林の記事「朝飯に就いて」からである。

「魯山人氏の朝食は茶寮でも難中の難事となってゐる。私は魯山人氏が小言を言はずにすっと朝飯を食べられたのを殆んど見たことがない。尤も一度か二度黙って食べられたから、之は珍らしいと思ってゐたら、後で料理人を呼んで、今日の味噌汁はうまかった。いつもかういふ工合でないといかん、と褒めてゐた。然しこんなことは滅多にない。（中略）先日大阪で偶然魯氏の朝食時に氏の部屋へ行ってみたら、相変らず飯の炊き方がいけないとか、汁が何うだとか言はれて、やり直さしてゐた」

そしてそのときの魯山人の板場への小言を紹介している。

「『何うして君等には僕の言ふことが分らんかね。かりそめにも星岡茶寮と云へば日本一の権威ある割烹道場だ。その指導者が朝飯を食ふのに毎日同じ様な味噌汁で満足するものか、しないものか、時には何か考へさうなものぢゃないか。僕が毎朝やかましく言ってゐることに反感をもって、一つぴんと応へさしてやり度いものだ位に感じないかね。献立なんかも、これでいけなければあれ、それがだめなら、これ、といふ風に献立の五つや六つは用意をして、何うしても一つ何れかを食はしてみよう位に考へられんかね。（中略）飯でもさうだ。飯の柔か過ぎる位のことは、いくらなんでも分るだらう。それでも、知らん顔をして出すのはそれだけでも不親切といふものだ、無理解と云ふものだ、それで小言を言はれると、それなら炊き直すといふが、その考へがあるなら、何故始めから、御飯が少し柔かいですが、炊き直しませうかとか炊き直すには、これこれの時間がかゝりますが、御都合はいかゞでせうかとか、何とか諸君の立場から、其処に考へがある筈ぢゃないか。さうすれば少し柔かくてもまあ今急ぐから我慢しようとか、時間がかゝってもいゝから炊き直して来いとか、何れにしても此方が納得する。それを人に言はれるまで気がつかない、さういふことが、料理人として、ほんとうに恥辱だと思はないかね。不見識だと考へないかね。

飯がいかんと云へば、はあさうですか、といふのは、余り情けないぢゃないか、自分が之でいゝと思って出したものなら、どこがいかんか、突込んで聞いてみるべきだらう。此方も納得しないが、君等の方でも何が何だか解らずにたゞやり直してゐるのでは、僕がいくら口をすっぱくして言ったって、進歩といふものは求められんぢゃないか。僕は何とかして料理する心といふものを君等に教へようと思って言ってるんだ。何うだ解ったとか、解らんとか返答しないか……』」（同前）

うるさいが、懇切丁寧な理屈。合理であり、諭（さと）しているわけである。聞きたくない板前には苦痛だったかもしれないが、向上心がある板前だったらとても感謝しただろう。ともかくこんなことで星岡茶寮の板場は鍛えられていった。

だが小言があまりにうるさかったのか板前に向上心は見られず、魯山人は、「実に何うも頭がないといふのか、気魄（きはく）がないといふのか毎日やり切れん」と溜息をついている。「料理は心であるとか」「頭の悪い者は料理ができない」という魯山人の主張は、このような小言の毎日の中で熟成されていったものと思われる。

ちなみに「毎日同じ様な味噌汁で満足するものか、しないものか」の件（くだり）だが、魯山人と親しかった懐石辻留二代目の辻嘉一は、『味噌汁三百六十五日』（婦人画報社、昭和三十四年）の中で百八十種類の味噌汁を一覧にしている。

また板前の中には魯山人にたてつく者もいた。魯山人はこう書いている。

「先日大阪から来てゐた料理人の中に一人よくないのがゐて、ゴタゴタを起した。その連中は少くも一時は星岡を出るつもりであったから、（その実翌日から詫を入れて皆現に働いてゐるが）星岡の悪口を新聞記者に向って言ってゐる。若い料理人達の云ふ事だから別に問題ではないが、何と言ったかと言ふと、星岡の料理代は高いが材料で一番高いものは果物だけである。果物だけは高いが他のものはさして変らないじゃないか、といふ心算らしい。厳密に言ふと此の言葉は当ってゐない。しかしそれはまあ孰れでもよい。これに就いて感ずることは、怙ういふことを言ふ者達はまだ料理の心が分ってゐないといふことだ」と言い、

「此の筆法で行けば、山水の墨絵よりも金泥の花鳥の方が高いといふことになり、紙に画いた絵よりも絹に書いた絵の方が高いといふことになる」（「料理する心」『星岡』六十二号、昭和十年十一月）と述べている。

飯の出来がすべての料理に影響する

魯山人は日本料理における御飯は西洋料理のパンに匹敵するものだから重要だと言って、改めてこう述べている。

「私の感じていることを率直に言えば、米の飯こそ料理中重要な料理の一品であって、しかも宴会などにおいて、最後のとどめを刺す役まわりをするものだから、これが不完全な飯であった場合は、せっかく数々の苦心の料理も水の泡である。

事実、飯の美味(うま)い不味(まず)いは全料理の上に、大きな影響を及ぼすものであるが、試しに一流の料理人に向かって飯が炊けるかと訊(たず)ねて、おそらくノーと言うのに手間はかかるまい。これはたしかに米の飯は料理の中のひとつであることを意識していないことに由来する。それだけに、もとより飯の炊けないことを、料理人の恥辱だなぞとは夢にも心得ないのみか、むしろ、飯を炊くような料理人がいれば、それこそ料理人の恥辱だぐらいに考えているのが大方だ」

そして、

「一般に飯炊きと言うと、料理人ではなく、雑用人として、一段下った仕事として扱い、ロクな給料も出していないが、ずいぶん間違った話である。（中略）

飯は料理のいちばん大切なものである。料理ではないと思うところに根本的な間違いがあり、まずい飯ができるのである。洋食でパンの良否を問題にしたり、焼き方を問題にしたりするのと全く同じなのである。だから飯は料理ではないという考え方を改め、立派な料理だと考えなければならない」（以上二文、『魯山人料理の極意』）

パンとの比較は簡単にはできないだろうが、パンについては世界中に「パン屋」というものがあり、それぞれの店が味や風味や食感を競い合って熱心である。

それに対して御飯は、その性質上「御飯屋」というものはないけれども、では料亭や家庭で味と食感を競い合っているかというとまったくそうではない。料亭は刺身や焼き物や煮物に力を入れるが、米の炊き方にこだわる者は多くないようだ。

魯山人の時代と違って今は全国各地で美米が採れ、貯蔵技術も飛躍的に進歩し、誰もが好みで米を選ぶことができ、炊き方もマイコン炊飯器に任せればそこそこ美味しい御飯が炊ける時代である。

研いだ米を浸し、水切りしたあと適量の水を入れて火力を調節して炊き上げ、かつ蒸らす手間を惜しまなければ、炊飯器でなく土鍋で炊いた御飯は別格の美味しさだ。

今も名料亭や老舗(しにせ)旅館が炊飯器を使わずに御飯を炊いていることでもわかるとおり、習熟した腕で釜や土鍋で炊く飯のほうが炊飯器に勝ることは言うまでもない。

第二章

美食の周辺

絵と書＝北大路魯山人（『星岡』34号、昭和８年９月）

心得べきことは、すべてのものは皆各自独有の味、持前の味をもっている（ことだ。そして料理とは）これを生かすということである。

（『独歩——魯山人芸術論集』）

「（私のように）裕福ならざる者が料理道楽をやり出しますと、反対に安値でうまいものが食べられるようになるのでありまして、決して贅沢のみに陥るものではないのであります」

（『魯山人料理控』）

魯山人は本当に「裕福ならざる者」だったのだろうか？　半信半疑の人も多いはずである。

星岡茶寮時代には数千点の古美術を蒐集し、北鎌倉の山中に七千坪の敷地を求めて星岡窯や古陶磁参考館二棟など二十数棟を築き、由緒ある古民家を敷地内に移築して自宅（母屋）とした魯山人。香淳皇后（昭和天皇の皇后）の父君、陸軍大将・久邇宮邦彦殿下ご夫妻のお成りの折には、明治天皇の行在所（行宮。天皇の行幸時の仮宮）を移築してお迎えした魯山人。また「**美食に非ざれば食うべからず**」と春夏秋冬美味いものだけを食った魯山人。舶来生地の背広とコートを着て、女優の京マチ子から贈られたネクタイを締め、久兵衛から贈られたステッキをついて銀座を歩き、久兵衛や紀尾井町の福田家で好みのものを肴にビールを痛飲し、年末年始には名古屋の八勝館に滞在して板場にあれこれうるさく指図して料理を作らせた魯山人。そして海外旅行が自由にできなかった時代に、二か月半の欧米旅行を敢行した魯山人。「裕福ならざる者」に、そんな芸当ができるはずがないではないか。

美食とお金の関係——魯山人の経済状態

そう断じたくなる一方で、魯山人が「裕福ならざる者」だった事実が確かにある。魯山人に裕福な時代があったのは、美食倶楽部時代の後半の一年半と星岡茶寮時代の十一年間だけなのだ。幼年期から三十代の半ばまでは貧しく、母を求めて上京した翌年二十一歳で日本美術協会主催の展覧会に「千字文(せんじもん)」を出品し褒状(ほうじょう)一等を受賞したときは、人前で着られる着物を持たず羽織袴一式を借りて授賞式に臨んだ。

星岡茶寮を追われてからは、すぐに窮地を脱したものの借金の連続だった。手元に現金をほとんど持たず、旅行の費用はすべて他人に出させ(大半は同行した久兵衛の主人、今田壽治が出した）、近所の魚屋や床屋の支払いも自作品と引きかえていた。戦後は固定資産税や物品税の支払いのために母屋を手放し、七十六歳で病魔に倒れたときは入院費がなかったことはすでに記したとおりである。つまり美食家・魯山人の七十六年間の人生のうちの六十三年間、八十三パーセントは「裕福ならざる者」だった。だから冒頭の「（私のように）裕福ならざる者」という言葉は間違っていない。

しかし貧乏だったから「贅沢に陥らない食道楽が実践できた」と言っているわけではなく、ふんだんに金があった星岡茶寮時代も裕福な者が陥る珍味嗜好に偏らなかったのは、少年時代の粗食の原体験が身にしみていたからだろうし、美食に対する一家言があったからだろう。では「裕福な者」だったときも安値でうまいものを求め、贅沢と珍味に陥る考えがなかったか、事実を検証したい。

久邇宮殿下に饗した料理とは

昭和初期から昭和十年代のはじめにかけて星岡茶寮は最盛期を迎え、会員数は二千数百名に達し、「星岡の会員に非ざれば日本の名士に非ず」「魯山人は天下を取った」などと言われ、魯山人は人生において最も贅沢ができた時代だった。料理主任にさえ運転手付きのシボレーを与え、遊興費をいくらでも使わせたというから、料理長兼顧問の地位にあった魯山人の場合は推して知るべしである。(中村竹四郎との共同経営だったが、経営者という肩書きを嫌って顧問になった。法的権利を持たないこの立場が、のちに魯山人追放劇を生む)

いくらでも贅沢ができるこの時期に、魯山人は久邇宮邦彦殿下ご夫妻から星岡窯ご訪問の打診を受けた。皇族で陸軍大将のお成りは魯山人だけでなく、当時の鎌倉町にとっても希有の御事で、鎌倉中は緊張し、星岡窯がある深沢村は村民総動員令を出して大船駅から星岡窯までの車道の普請に取りかかり、鎌倉警察署長は緊張のあまり精神が不安定になったという。

ご夫妻のお成りは昭和三(一九二八)年六月二十七日。ではこのとき魯山人はどんな料理を饗したのか。

六月の下旬といえば速吸瀬戸(豊予海峡)のアジがあり、ノドグロやアユがあり、マコガレイやアワビ、キジハタや明石のタコやハモがある。速吸瀬戸のアジは獲れたてよりも二、三日置いたほうが美味くなる。氷詰めで鎌倉へ運べば、熟成によってちょうど味がよくなるころに星岡窯に届く。産地と搬送の方法を選べば、そんなふうにどれも珍味と呼び得る食材があったが、魯山人はそれらの食材に眼もくれなかった。

当日ご夫妻をお迎えした魯山人は、邸内に案内しながら星岡窯の畦道（あぜみち）に生えている芹を摘んで、赤貝を抱き合わせて炊いて出した。ちょうど山椒が若実をつけはじめた時期で、これを揺（す）れば素晴らしい香りが楽しめる。山椒の実は、揺るとすぐに香りが飛んでしまうので、揺りたての香りを知る人はあまりいない。魯山人は揺ったばかりの山椒をこの料理「赤貝と田芹の煮浸し」（口絵写真参照）の上に振りかけた。

芹は七月の半ばを過ぎると花期に入って味が落ちるが、六月までは柔らかく、食感と風味が魅力的である。そのことを彼は朝鮮総督府京龍印刷局の書記時代に体験していた。それがどんなに美味かったか、魯山人は書き遺している。田芹は芽を出したばかりも美味だが、丈が伸びた六月の芹も魅力的である。久邇宮邦彦殿下ご夫妻のお成りは、まさにこの季節だった。

では赤貝は？

赤貝のシュンは全国的には冬から春。しかし星岡窯に近い神奈川・小柴（金沢八景）のシュンは初夏で、芹とのこの取り合わせは星岡窯の近在だけで可能だった。

自邸の芹と地元の赤貝。そして山椒の若実。平凡な、しかしよく選ばれたこのもてなしは魯山人の美食の概念をよく表している。

久邇宮はこの料理にいたく感激され、二か月後に魯山人を赤倉の別荘に招く。そしてその翌月、久邇宮はよほど気に入ったのだろう、再度魯山人のもとを訪れる。二回目のお成りの折に魯山人がどんな料理を出したのかはわからないが、やはり「裕福ならざる者」が求めた外連味(けれんみ)のない味、心のこもった一品だったはずである。

美味は調理の手間によって生まれるのではなく、また高価な食材によって左右されるのでもない。田芹の根を使った「田芹のよごし」(口絵写真参照)なるものも、大変美味いものである。

八勝館に現在残されている星岡茶寮の献立表を見ると、進肴(すすめざかな)(強肴(しいざかな)のこと)として「星岡窯のそらまめの塩茹」、青菜として「人参葉胡麻ひたし」や止椀(とめわん)に「鯨の味噌汁、牛蒡(ごぼう)、粉山椒」といった巷の料亭では決して出さないような、安価で型破りな料理が並んでいる。

道ばたの芹を摘んで久邇宮に供した魯山人の美学や自然理解がわかろうというものである。

極意は家庭料理、つまり真心の料理

ここで改めて魯山人の言葉に耳を傾けたい。

「手のこみ入ったものほどいい料理だと思ってはいないか。高価なものほど、上等だと思っていないか」（『独歩――魯山人芸術論集』）

美食とは贅沢な食事のことではなく、家庭料理の中で十分実現できるもの、否、家庭料理こそそうなのだと魯山人は力説してこう述べる。

「家庭の料理、実質料理、一元料理（あなたのために作りたいという愛情料理）**、そこにはなんらの思惑がはさまれていない。ありのままの料理。それは素人の料理であるけれども、一家の和楽、団欒がそれにかかわっているのだとすれば、精一杯の、まごころ料理になるのである。味噌汁であろうと、漬けものであろうと、なにもかもが美味い。それを今日の簡単主義と、ものぐさ主義が、商業料理へ追いやってしまって、家庭の料理は破滅に陥ったのである」**（『魯山人味道』）

また、こう警告する。

「家庭の料理が滅びることは、それだけ心身ともに不健康な人間が多くなることだ」

「宴会的な飾る物ではなく、身につく食事、薄っぺらな拵えものではなく、魂のこもった料理、人間一心の親切から成る料理、人間をつくる料理でなければならないと思うのである。

料理も芸術であると、私が言い続けている理由も、実はここに存するのである。

良寛様が料理人のつくった料理、書家の書、歌詠みの歌はいけないと言っておられるが、料理人が自分の庖丁の冴えを忘れて料理をつくるのも、書家が色を忘れて、ただ墨一色で書くのも、帰するところはひとつである。すべて人間の価値がそこに滲み出て来るのである。要は人間だということになる。

更にことばを変えて言えば、日常料理は常に自分の身辺から新しい材料を選び、こみあげて来る真心でつくらなければならない」（以上二文、同前）

肝に銘ずるべき言葉である。

「（星岡茶寮の経営者として）我々が他と少し違うところは、その経営法が大雑把で大所高所から見た、即ち急がば廻れ式のソロバンを取っていたことなんです」

「そんな経験から言うと、営利を離れなければ、本当の料理の味はわからんね」

（『独歩――魯山人芸術論集』）

星岡茶寮の経営方針

魯山人は最高の食材を最高の状態で手に入れるために労を惜しまず、金に糸目をつけなかった。ことあるたびに「（茶寮は）儲からなくていいんだ。食えればいいんだ」と口にし、食器作りにおいてもこう言っていた。

「なんでも楽しんで好きな事をやる。金をもうけようとか、やれこうやっては損だとか、

なんてけちな考えで事をやっては、けっしてもうかるものでなし、人に認められるもんでもないね」（『北大路魯山人作品集』）

十分儲かっているうちはこの言葉に理解を示していた周囲も、食器製作のために星岡窯にいくつもの窯を新築したり、原料の坏土（陶土）を採取するために朝鮮へ出かけたりする一方で茶寮の食材を飛行機で運び、高い輸送費をかけて鮎を山奥から生きたまま運んだりしはじめると、食材にしても何もそこまでこだわることはと反発が生じはじめた。これに半端でない骨董購入も災いして、魯山人は身勝手をとおす経営失格者として追放劇が密かに計画されていく。魯山人はこの不穏な動きにまったく気づかず、このころ、先のような経営哲学を吹聴して自信満々だった。

魯山人は心からこのような経営方針を理想とし、幸福を感じていた。

貧しい少年時代や青年時代を過ごした魯山人が、金を貯めることを考える吝嗇な人間にならなかったことは注目に値する。彼が貧乏の中で、自分を救うものとして見出したのは利益ではなく「食の幸せ」だった。金も名誉もどうでもよかった。そのことを内貴清兵衛から教えられて人生が変わったと、彼はつぎのように述懐している。

「豪(えら)そうなことを言うではないが、金もどうでもよい。勲章は要らないとなると、これ程の自由はない。私は三十歳にして京都の内貴清兵衛という卓越した当時の有名人から段々と説教されて今日を得たが、小さな金と小さな名誉に捕われている人々を見ると、いつも内貴氏の名言名説に頭を下げるのである。その言葉で救われたからである。強い生活が出来得たからである。金と名誉を捨ててかかる覚悟程強いことはない」（『独歩——魯山人芸術論集』）

そしてこうも言っている。

「世の中には使わぬ金を持っている人がある。使う金を持つ人が欲しい」（同前）

あるいは、

「魯山人は気むずかしい奴だと思っている人がいる。変人だという人もある。わがままな人だと思っている方もあるらしい。うるさいおやじだという評もきく。口の悪い先生だとも言われている。どれ一つとして、私を誉めた言葉はない。

だが、あいつはずるい奴だとか、いやしい奴だとか言われないだけありがたいと思っている。
「こんなにいろいろ言われるのは当然だと私は満足している」（同前）
このような価値観で魯山人は人生を押し通した。星岡茶寮で食材の原価を考えなかったのは、彼にとって理想の実現だったわけである。

料理も王者の根性が大切だ

魯山人は、食材が傷みやすい七月下旬から九月上旬までを星岡茶寮の休業日とし、食材や調理方の衛生管理を徹底させた。板場の者たち全員に白足袋をはかせたのも、汚れが一目してわかるためだった。料理に髪の毛が一本入っていて板場の全員を丸刈りにさせたこともある。徹底的な衛生管理をした。板場への指導は調理の心構えだけではなかった。彼はこう述べている。

「とにかく隠れた所を穢くしておかぬように厳重に言い付けてはおくのです。鍋も綺麗に磨かせて、流し下を綺麗にしておけば、そこを流れるごみも綺麗に見えるようなものでしてね」（同前）
また、

「**品位好尚が高雅であれば、つくられるところの料理も、すべての出で立ちも、おのずと品位備わ（る）**」（『魯山人味道』）とか、「**料理も王者の根性が大切だ**」（『独歩——魯山人芸術論集』）と言い、料理人の舌が落ちないように出先で店屋物などを出されても食べて来るなと厳命した。

「**出張に行った時などもよく先方で丼など取って食べさせるようですが、食べて来るなと言ってあるんです。自分の腕以下のものを食うなんてそんな不見識じゃ料理人として駄目だ、腹が減っても食わずに帰って来いと言ってやるんですよ。……ですからとにかく気持の良い男には成って行きますね**」（同前）

「お料理は即刻即用が大切であります」

（『独歩――魯山人芸術論集』）

ドンピシャリの食べごろを客に供する

魯山人は星岡茶寮時代、蔬菜の大半を星岡窯の近隣の畑から運ばせたが、当日の午後になるまで収穫させなかった。星岡茶寮では、午後五時過ぎには客が来るので、板場の者たちは毎日、トラックが来るのを今か今かと待ったという。米も、その日の分しか取り寄せなかった。

つまり星岡茶寮の客は、畑から抜きたての野菜を食べ、精米したての飯を食い、輸送の間に薄塩状態がドンピシャリになった若狭の一塩鯖や小鯛の笹漬けに箸をつけ、飛行機で着いたばかりの新鮮な瀬戸内の魚を魯山人の器で食べたのである。同じ若狭の一塩鯖を食べてきた者も一番美味しい状態のものを食べることはまずない。それで「こんな塩鯖を食べたことがない！」と感激するのである。戦後、魯山人は「甘エビの味噌漬け」（口絵写真参照）を特に愛したが、これも移送中の半日あるいは一日のうちに絶妙な食べごろになる一品である。

食材そのものの優劣とともに、鮮度と客への供し方がいかに重要かについて、魯山人はつぎのように言っている。

「たとえば芋にしても、客を見て畑から掘ってきたものをすぐ料理して食べる。これが一番うまい。材料を永くおくと死ぬ。料理したのを永くおくと死ぬ。材料の生きたので作ったのを殺さないですぐに食べる。つまり、材料が生きていて、作るほうと食べるほうの呼吸がぴったり合って、共に生きていなくてはだめだ。そしてまた食器もそれに相応して生きていなくてはだめだ」（「語録」『季刊銀花』八号）

星岡茶寮の魅力とは

それらの美食は、黄八丈を着て髪飾りをつけた愛らしい少女給仕人たちによって座へ運ばれた。魯山人は少女たちにお酌をさせなかった。理由はあとで述べる。魯山人が彼女たちに求めたのは、お辞儀の仕方と料理の説明と、お運びと器の置き方だけだった。料理の説明といっても、今時のレストランのように長々と一通り説明するのではなく、品書きに書かれた以上のことを訊ねられれば答えるというものであったらしい。器の置き方についての魯山人の指導風景が『星岡』誌上に遺されている。

「大鉢盛（おおばちもり）のお料理をぽんと置いて、そのまま下がった方（少女実習生）がありました。先生（魯山人）の御批評――

『さういふ風にぽんと置き放したのはいけない、一度静かに置いて、それから一寸位置を直して引き下がる様にする。第一に、ぽんと置くのは如何にもゾンザイでいけない。それから、位置や向きも一寸直すのがよい。それは始めからうまくおけたとしても、そのままでは投げやりのやうでいけない。それを一寸手をかけて直すマネをしただけでも如何にも神経が通って、ものの形がちゃんと決るものである。』」（「お給仕のお稽古を見る　少女給仕人のために」『星岡』六十一号、昭和十年十月。傍点筆者）

魯山人が「一寸直す」と述べている所作についてだが、文章を読んだだけではそういうものかと読み過ごしてしまいがちだ。しかしこれを実際にやると一瞬にして食卓の雰囲気が変わり、今から美味いものを食べるのだという気分になるから不思議である。百聞は一見にしかず、ぜひ試みて欲しい魔術である。

さて魯山人が給仕人に少女を選んだのには訳があった。

食膳が春夏秋冬の、山海における生（せい）の祝祭の場とすれば、それを運ぶにふさわしいのは白魚のような美しい手を持った若い娘だと彼は考えた。

少女の魅力について魯山人はこう語っている。

「婦人は手がふっくらとして、いかにも優しそうな手をしていなければ、美は失われる」

「女の美しさは、はにかみを知るというところにしかないと思う。この美を持っているのは、なんといっても処女に限る。あのどうかした調子に、さっと耳もとを赤くし、出しゃばらないでつつましやかな女の態度は、女の中でも一番美しいもんだ」（以上二文、「語録」『季刊銀花』八号）

もう一つの理由。

古来日本では、神社や宮廷に仕える巫女（みこ）を「心身ともに健康な少女」にかぎってきた。巫女に年配者がいない理由はこれである。巫女は現代でも二十代までの未婚女性にかぎられ、二十代後半で定年になっているようだ。これは、少女が持つ超自然的な力（マナ）、あるいは魂（アニマ）によって穢れが払われると信じるからで、少女に霊的な力や精霊が宿ると見なす文化は世界にあまねく存在する。

客たちはむろん、少女給仕人が一種の巫女だとは思わなかっただろうが、少女給仕人の効果ははっきりと現れた。彼女たちによって茶寮内の邪気は払われ、室内は生気に満ち、初々しくも清浄なものとなった。

魯山人が少女給仕人に酌をさせなかったのは、少女を巫女のように神聖なものと見なしていたからか、あるいは彼が半開の花について語っているつぎのような、ゆかしくも清冽な美の魅力と同じようなものだったのか。

「花には花の見頃がある。別して挿花としての場合、賞玩する人にとっての、花の一番の見頃は、世に謂う花半開きという言葉の通りでよい。花は満開を待って見るべきだとは一般の常識かもしれない。満開、またきれいで一見美しいには美しい。が、それにも増して美しいのは花の半開きである」

「花の満開にはエネルギーの消損がみとめられる。半開きはこれから開こうとするすばらしい生気があらわれていて、ここに美しい底力がある」（以上二文、『北大路魯山人作品集』）

さて星岡茶寮の魅力についてである。

この天下一の料亭は、食材の厳選と調理と、少女たちによる給仕だけではなかった。魯山人は茶寮内での歌舞音曲を禁じた。茶寮をあくまでも美食と清談の場と定め、箸を鈍くするすべての要素を取り除いて、熱いものは熱いうちに、冷たいものは冷たいうちに客の胃袋に入るようにした。魯山人はその理由と、それが料理上達の秘訣でもあるとして、つぎのように述べている。

「**お料理は即刻即用が大切であります。つまり出来たてを直ぐに食べるがよいのでありま す。熱くてよいものは熱く出し、冷たくてよいものは冷たく出すという敏活な行動が必要であります。香りの高い中**（うち）**、色の失せない中と、種々の心使いが結局お料理上手となるようであります**」（『独歩――魯山人芸術論集』）

このような料理の中でもとくに素晴らしいのは「百合根のあんかけ」（口絵写真参照）だろう。

できたてを食べる喜びは至上のものだが、今は各家庭に冷蔵庫や電子レンジがあって温かいものも冷たいものも好きな状態で簡単に食べられる。しかし戦後まもなくまでは、家庭はもちろん料亭でもこの配慮は不十分だった。酒の燗を除いて、ほとんど無視されてきていたと言っていい。

星岡茶寮の献立の一例・「コンニャクの粉鰹煮」

星岡茶寮の献立だが、当初その多くが家庭の惣菜料理だった。「コンニャクの粉鰹煮」もその一つで、一流料亭では決して出さない安価なこの品を、魯山人は鄙びた、味わい深いものに仕上げて評判を得た。

魯山人の最晩年の一年半を星岡窯内で暮らした平野雅章は、調理の場に居合わせたのか、自著の中で作り方を紹介している。

「こんにゃくは塩でもみ、擂子木などで叩き、ひと口大に切り分けて、さっと熱湯でゆで、アクを抜く。水気を切ってから、サラダオイルで軽く炒めてから、だし、酒、みりん少々、濃口醬油、赤唐辛子少々を加えて煮る。煮詰まったら、粉鰹をまぶしつけ、木の芽を天盛りにする」(『魯山人料理の極意』)

魯山人はこれを雅味のある器に盛りつけた。一方、高価な食材を使った料理は鄙びた器に盛った。コンニャクと粉鰹の相性は抜群である。一度試してみたらいいだろう。素晴らしい味である。

器と料理の関係だけでなく、食材の粗末贅沢についても魯山人は同じ美学を持っていて、こう述べている。

「粗末な材料なら粗末な材料を生かすように、良い材料ならば良い材料を殺さぬようにして、良い料理を作ることは人生を明るくします。もっと積極的には、粗末な材料で美味を生み出す。高価な材料を以て安価な（つまり庶民的な）料理を作る。こんなことも自然を学ぶに従いわかって来ます」（同前）

「人生を明るくします」という言葉は印象的だ。

星岡茶寮時代の魯山人は客の出身地を控えておいて郷里の食材を忍ばせたりした。星岡の客はつまり、美味を堪能しただけでなく、自分が大切にされているのを感じた。この感動は口づてに伝えられて、茶寮のファンは増えていった。会員に配られる機関誌『星岡（せいこう）』の刷り部数も、創刊号は一千部だったが、最盛期には四千部に達している。

「うまいものを食うと人間誰でも機嫌がよくなる。必ずニコニコする。これが健康をつくる源になっているようだ」

（『独歩——魯山人芸術論集』）

「美味いもの」とは

「美味いもの」を食べれば気分が和み、それまで機嫌が悪かった者も食べ終わるころには気分が晴れている。「美味いもの」の効果は絶大である。

では、魯山人が言う「美味いもの」とはどんなものか？

〈そりゃ君、人によって違うに決まっとるじゃないか。味覚は地域文化だよ。九州で育った人間と京都で育った人間とでは、たとえば醬油の好みが違う。スイカに塩をかけないで食う者もいる。「美味いもの」とは、地域文化の上に個々人の好みが乗っかったものだ〉

そんな答が返ってくるのではないだろうか。魯山人はスイカに塩をかけて食べていた。京都人に訊ねると、熊本や松本産の特別甘いスイカが出回るようになった今日でも、塩をかけて食べる人が多いそうである。

世界中の老若男女の、誰が食べても美味い絶対料理というものはない。

魯山人が言う「美味いもの」とは、自然を理解し、自然に感謝し、固有の文化の中で体験と努力によって各自が発見し、個々に所有していくものである。個々に所有するということは、料理はたとえ美食であっても一辺倒なものではないということである。魯山人はこれについてこう言っている。

「料理は一人の衣服に多種多様あるが如く適宜の処置を考慮すること」（「日本風料理のこつ」『星岡』三十八号、昭和九年一月）

「料理は相手次第、相手によって、どうにでも出来ると云ふ機智がなくてはいけません」（「衰へて来た日本料理は救はれねばならぬ」『星岡』三十二号、昭和八年七月）

世の中には「美味いもの」という言い方のほかに「好きなもの」というのがある。この言葉を魯山人が使わないのは、食材と調理法に対して節度を求めているからである。そのことはたとえば彼のつぎの言葉に表れている。

「私は料理を前に美味過ぎるということを度々言って人の不審を買うが、全く美味過ぎる魚鳥があり、旨過ぎる煮方があり、旨過ぎる技能的盛り付けもある。みな必要を通り越すのである。（中略）工手間の多過ぎる伊万里の皿の如きが最上でないように、料理などもあまり手間掛け過ぎたものには最上の美食はない」（『独歩——魯山人芸術論集』）

魯山人にとって「美味いもの」には明確な価値基準があり、「好きなもの」とは一線を画していた。

これは美術趣味における「いい」と「好き」という言葉でも説明ができるだろう。たとえば目の前の茶碗を見て「これはいい」と言う人は美術的教養と自分の経験によって客観的な判断をしていて、玄人でなければ言えない言葉である。一方「これは好き」と言う人は、美術的教養や経験なしで、個人的な趣味と感覚によって自由判断をしているのであって、「愉しみ型」人間の言葉である。趣味は個人的なものだから善し悪しは問えないが、依り立つところが違っている。

それにしても「美味過ぎるのはいけない」とはどのような意味なのか。この言葉についての筆者の解釈はつぎのようなものである。

たとえばある日、あなたの誕生日の夜のことだが、中学に入ったばかりの子どもが食事を作ってくれる。お父さんの誕生日のお祝いである。

日ごろは作らない子どものことだから上手に作れるはずがないし、ひどく時間がかかってあなたは待ちくたびれる。ようやく完成。どこかで見ていたのだろう、盛り付けがなかなか面白い。そしてあなたはそれに箸をつける。

上手くできていないところは気にならない。上手にできているところだけを感じる。心に染み、身体の内から嬉しさが湧いてくる夕べである。魯山人の言葉はおそらくこの辺りのことを指している。


美味過ぎるというのは技の結果であり、心の結果ではない。美味さを追究して、かりに美味の頂点に達したとしても、その美味は客観的ですらあり得ない。味覚はそもそも主観である。調理の腕前によってもし美味が一人歩きし、それに優劣を求めて客観を論じるのはどうだろうか。幼い子どもが心を込めて作ってくれた料理は、ときとしていかなる名料理も及ばない場合もあるのだ。

魯山人は、同じ料理をどこで誰と食べるかによっても味はすっかり変わると言っている。最高の美味にはつまり最高の心とお膳立て（しつらえ）が不可欠であって、そこまでを以て料理とするのが魯山人の基本的な主張である。

「美味いもの」こそが栄養食

さて食と健康の関係に戻る。

魯山人は栄養学を嫌った。こう書いている。

「ラジオや雑誌は毎日のように栄養を説いているが、これは栄養失調者がいかにはびこっているかを物語っているものであろう。幼稚な栄養学者は、栄養食と栄養薬とを混同しているかである。栄養食は口に美味にして人間を楽しませれば精神の糧（かて）ともなるが、栄養薬は病人をいよいよ病人にするばかりで不愉快である。栄養食というものは、人間が自己の欲求してやまぬところの美味を素直に摂り入れ、舌鼓打ちならして、うまいうまいを絶叫し続けるところに健康は自ずとつくれるものである」（『独歩——魯山人芸術論集』）

「美味いもの」こそが栄養食であって、栄養を第一に考える料理は食の悦びである「美味い」がおろそかになって「栄養薬」と堕し、結局健康に結びつかないという主張である。

そこで魯山人が言う栄養料理の代表格である「病院食」を思い出してみる。これは栄養やカロリーやビタミンを徹底的に考えた究極の食卓であるはずだが、その内容は……

メラミンやポリプロピレン製の食器に、盛り付けのセンスもなく出てくる朝昼夕食。献立の中に不得手な品があっても、それを避ければ主菜がなくなるから箸をつけないわけにはいかない。妙に薄い味付けに「生きる屍（しかばね）」の気分を味わわさせられる。分量はお仕着せ。パックの牛乳やオレンジジュースやヨーグルトがついて、食卓の風景は手抜きを絵に描いたよう。何しろ入院患者の数に対して調理係があまりにも少ないからだ。朝昼はともかく夕食の時間がとても早い。

魯山人風に言えば、こんな「まったくニコニコできない食事」が日に三回、退院まで続く。患者は献立にも量にも時間にも慣らされていくが、そこにあるのは諦めで、「食の悦び」がない。見舞客が差し入れてくれる寿司や、アイスクリームやタルト・タタンが待ち遠しい……こういう食事内容である。

一方、こんな病院食はどうだろうか。

夕食の時間は自由。そろそろ腹が空いた、今夜は寿司をつまみたいと思うと、……魯山人の俎皿に久兵衛の寿司が乗っかって、ビール付きで出てくる。盛り付けがまた美しく、ガリの味もさすがである。

魯山人が入院中に食べたもの

望むべくもない話だが、このほうが病気の回復が早いと確信するのは筆者だけではないだろう。魯山人は実際、病院でこれを実行した。

久兵衛や福田家が好物を届けて、魯山人はそれを食べながらビールをしこたま飲んだという。見舞いに通った小山富士夫が回想している。

「魯山人が病気になった時、金がないので神奈川新聞の社長が十全病院（旧名。当時はすでに横浜市立大学附属病院という名称）に入れたんですね。すると病院でビールもってこい、ビールもってこいといって飲みほうだい。看護婦がくるとお前は気に入らないと、何人かえたかしれないという話です」（座談会「残照」、黒田領治『定本北大路魯山人』雄山閣出版、昭和五十年）

病院食を食っていると死んでしまうとばかりに病院から抜け出し、タクシーに乗って二・五キロ先の横浜中華街や山下公園前のホテルニューグランドへ行き、中華料理やビーフシチューを食べた。もちろんキリンビールを頼み（魯山人はキリンビールの小瓶をこよなく愛した。小瓶は味が違うと言い、キンキンに冷えたのと、そうでないのとの二本を、好みの温度に調整して飲むのを好んだ）、当然おかわりもしただろう。随行者は心配したに違いない。

「先生、戻ったら医者に叱られるのではありませんか」

「なあに、治療費はこちらが出しているんだ。誰に遠慮がいるものか。もう一本キリンを貰おう」

これをたんなるわがまま問題児、傍若無人な男ととる者が多いだろうが、魯山人はそのとき己が信条に基づく健康論、**「栄養価値十分にして美味に非ざるものは断じてない。美味なれば必ず栄養が存する」**（『独歩——魯山人芸術論集』）を忠実に実践していたわけである。

魯山人は、食事のバランスがどうだとか、海のものと山のものをまんべんなく食べろとか、カロリーがどうだとか、ビタミンがどうだとか、ニンジンが嫌いな子どもにどうやってニンジンを食べさせたらいいかなどというテレビの料理番組を見ると、いつも憤慨していた。

その魯山人の主張を要約すると、おおよそつぎのようになる。

〈栄養やビタミンなどいちいち気にせず、好きなものを好きなときに食すべきである。嫌いなものは食べなくてよい。好きなものを適度に食えばいい。三度三度決まった時間に、食いたくもないのに食うのはもってのほかだ。食に対して自立せよ。食事は好みに、自分で作るべし。美味い美味いと言って食べられるものでなければ、真の栄養にはならぬ〉

実際魯山人は晩年まで自分で食事を作っていたと、傍らにいて下拵えをしていた辻義一は自著で述べている。また魯山人がはじめた大雅堂美術店の大家の娘・八幡真佐子（大正四年生まれ）は、かつて筆者のインタビューに「鎌倉の魯山人のところに遊びに行ったことがありますよ。奥様はとても綺麗な方でしたけれど、何もなさらない方でした。おさんどんはすべて魯山人がやっていました」と答えている。

かくして魯山人は日々「美味いもの」を自分で作って食べ、「美食に非ざれば食うべからず」と言って生きた。美食に非ざれば食うべからず？　こう聞くと、批判がましい言葉が返って来そうである。

〈オレたち庶民は毎日安いもので甘んじているのに、魯山人は何と贅沢で傲慢な人間なんだ。いったい何様だと思っているんだ〉

しかしこれは誤解である。

世の中には「高い料理は美味い」「美味い料理は高い」と信じている人がいて、そういう人は「安い料理はまずい」と思っていることが多い。それはしかしデパ地下やスーパーの弁当の話で、三百八十円の弁当と千五百円の弁当とでは確かに美味さが違うだろう。魯山人が言っているのはそんな話ではない。久邇宮殿下ご夫妻のお成りのとき、畦の芹をご馳走して唸らせたことを思い出して欲しい。着眼点と解釈が異なるのだ。

好きな食べ物は身体にいい？　トップ・アスリートたちの食事

魯山人は「美味い美味いと言って食べられるものでなければ、真の栄養にはならぬ」と言ったが、では「好きだ好きだ」と言って食べられるものの中に、魯山人が言う「美味いもの」に該当しないものがあったとして、健康にどうなのか。

イチロー、内村航平、中田英寿、タイガー・ウッズといえば世界を代表するアスリートだが、彼らは皆、極端な偏食家で知られている。毎日カレー、毎日そうめん、毎日クリームパン、毎昼食はチーズピザ、毎夜炊きたての白米と焼肉、あるいは毎日ハンバーガーやチョコレートや袋菓子、これらを飽きもせず食べている。しかも彼らの多くは野菜嫌いで、中にはまったく野菜を食べない者もいる。それでMLB通算三千本安打、世界体操競技選手権個人総合六連覇、サッカー・ワールドカップ三大会連続出場、プロゴルフ・メジャー選手権優勝十四回を達成しているのである。

また一年三百六十五日の偏食ではないが、合宿中の本田圭佑はオリーブオイルをかけたパスタ以外に食べないし、三浦知良も試合前日からは塩とオリーブオイルをかけたパスタしか食べない。

世の中には「麵類などの炭水化物の摂り過ぎは身体によくない」ことを懇切丁寧に説明する栄養士や、「玄米がいかに身体にいいか」を力説する医者がいるが、これらは味覚の幸福を離れての意見であるだけでなく、そもそもそれがどこまで正しい意見なのか筆者には疑問である。

古い話になるが、経典を求めてチベット潜入を果たした河口慧海（えかい）は九か月間麦焦がし（大麦をあぶって挽（ひ）いたはったい粉）をバターと塩でこねたツァンパを一日二度とバター茶だけで厳寒期のヒマラヤ越えを果たし、探検家の植村直己は五十六日間、セイウチの肉と塩だけで北極点到達を成功させた。片方は菜食、片方は肉食のみで強靭な精神力と体力とを持続させた例である。また、最近、カルボナーラばかりを食べて、箱根駅伝の区間記録を出した若者がいた。カルボナーラばかり食べるとテンションが上がる、という理由だったように記憶している。

彼らのこのような偏食生活が例外であるとしても、栄養のバランスを完全に無視した偏食によって強靭な肉体と精神力が維持されていることは事実だ。

また芸能界では「活力ある毎日を百二十五歳まで過ごしきる自信がある」と主張する現代のヨーガ行者（?）片岡鶴太郎は、睡眠時間二、三時間で十分、一日一食の超小食で、基本的に果物と野菜と木の実だけで過ごすという。一方、食事は焼肉が基本でケーキとアイスクリームが大好物、睡眠は日中、真夜中に関係なく好きなときにとるという黒柳徹子がいる。

この人たちは世の栄養思想や睡眠思想にとらわれず、自分の自由な判断によって生活を定め健康とエネルギーを得ている。

健康は気力の問題が大きいと思われるが、その気力を生む源が、バランスのよい栄養の摂取にあるのではなく、わがままで自由な食生活にあるのかもしれない。

もちろん現にこれらの健康人がいるからといって、現今の栄養学が信仰にすぎず、幻想であるとまでは筆者は言わない。しかし自由な食による満足感、幸福感が栄養学に優る可能性は否定できない。

それには過ごし方、働き方の問題もあるようだ。健康は自由な食事や睡眠だけでなく、いい、自由な重労働にもあるらしい。

魯山人はトルストイの「幸福の疑う余地なき条件は労働である。すなわち、第一に自由な適度の労働、第二に食欲と深い眠りを与える激しい肉体の労働である」という言葉を紹介して、「僕の生活その儘(まま)を言い得て妙」(『独歩——魯山人芸術論集』。傍点筆者)と述べているが、実際イチローや内村航平にはじまる人たちにもこのことは当てはまるようだ。

繰り返しになるが、世界には野菜をほとんど食べない人々、アラスカのイヌイットやオーストラリアの少数民族、アフリカのマサイ族やスイスの山村民などがいる。また逆に、肉や魚を食べない人びと、一生ライムと木の実とヨーグルトだけで過ごす人がインドには大勢いる。

右のアスリートたちと魯山人とが共通している点は、誰もが「食べたいときにしか食べない」、「好きなものだけを食べているとテンションが上がる」と主張しているところである。食べたくないときに食べれば胃の負担になり、体の負担になる可能性がある。「三度三度食事をきちんと摂る」という「無理型」によって、私たちは知らず知らずのうちに自らの体を痛めているのかもしれず、この点について魯山人は**「栄養の摂り方にも他動的と自主的の相違がある」**（同前）と指摘している。

公平を期して、ここで右の彼らとは正反対の反偏食と他動的食事に徹した管理型アスリートを紹介しておくべきだろう。

平成二十九（二〇一七）年四月、フィギュアスケート世界選手権（ヘルシンキ）のフリースケーティングで歴代世界最高得点を叩き出して優勝した羽生結弦は、味の素の支援を受けてアミノ酸とビタミンB_1を多く取り入れる「勝ち飯」で試合に臨んだ。で、その結果が逆転優勝？

その因果関係は筆者には不明だし、草葉の陰の魯山人なら当然反論しそうだが、これらの両極端の食事内容で想像できることは、栄養云々（うんぬん）よりも食事で得られる心理的影響のほうが大きいことだろう。身体にいい食事を考えすぎるより心にいい食事、自分のライフスタイル、ライフサイクルに合った自然な食事を摂るほうがいいようだということである。

魯山人は七十六歳で亡くなったが、死因は癌でも心臓病でもなく肝臓ジストマだった。もしジストマ虫に冒されなければ、もっと長く健康で生きただろう。

当時（昭和三十四年）の男性の平均寿命は六十五歳。魯山人は平均より十一年長生きしたことになり、現在の平均寿命に当てはめれば九十歳ぐらいまで生きたことになる。ジストマ虫に冒されなかったら、現在でいう百歳まで生きたかもしれない。

その魯山人は好きなものを食い、嫌いなものを拒否し、朝からビールを痛飲して、七千坪の星岡窯の中の三畳の寝室で睡眠をたっぷりとり、入院の一か月半前まで矢継ぎ早に個展を開き、怪気炎を上げていた。

ギネスブックに載るような高齢者に「長生きの秘訣」を訊ねた結果を調べると、泉重千代（享年百二十）以下日本歴代長寿者五十名中では「好きなものしか食べない」と「適度に睡眠を取る」がいちばん多く、つぎに「特別なことは何もしていない」となっている。その他は、「くよくよしない」、「腹八分」、「朝食を美味しく食べる」、「正直に生きる」、「好きなように生きる」、「感謝の心」、「笑顔で生きる」と続き、ただの一人も栄養や栄養のバランスを挙げていず、サプリメントを摂っているという言葉も出て来ない。

昨今の何かといえば栄養云々風潮と、苛烈なまでの栄養食品サプリメント市場の跋扈（ばっこ）跳梁（ちょうりょう）は、中・高齢者の不安を煽（あお）って利潤を上げようとする商魂に過ぎないのかもしれない。

改めて魯山人の言葉を挙げておこう。

「早寝、遅起き、昼寝好き。これは歌でも標語でもない、この頃の私のあけくれです。

この間を盗み、僅少の時間ながら人一倍の仕事をしようとしているのが私の手品です。（中略）そして私は殊更に自然の風物を愛します」

「健全な肉体を作り、精神力を養ってくれるものは、先ず食事の摂り方からであると私は信じている。

正しき自由の発見、間然するところなき個性の発揮、好む物はあくまで好む、嫌いはあくまで嫌う。（中略）

繰り返し言うようだが、平凡生活は平凡児を生む。多数型という一定の無理型によって、型の如く様々の病人を作る」

また、

「通常献立料理は事務。自ら好む一品料理は芸術」（以上三文、『独歩——魯山人芸術論集』）

と述べ、魯山人にとってはこの芸術料理が栄養料理だという確信なのであった。

「家にまだたくさんございますから、帰ったらお送りしましょう」

（『独歩——魯山人芸術論集』）


これは魯山人の言葉ではなく、魯山人が呆れ返ったという、相手の言葉である。

ある日、魯山人は料理研究家の黒田初子（魯山人より二十歳年下。『楽しい家庭料理』や『料理のこころ』などの料理本がある）の訪問を受けた。手土産のチーズがとても美味かったので褒めると、黒田はこう答えた。

「家にまだたくさんございますから、帰ったらお送りしましょう」

天下の美食家が褒めてくれたのだから、黒田は嬉しかったのだろう。しかし魯山人は「あなたは幼稚だ」と、思わぬ返事をしてこう続けた。

「自分が星岡茶寮をやっていた時、お客さんに出した物がとても気に入られ、もう少しないかと言われると、台所には腐るほど山と積んであっても、残念ながら、もうございませんと答えていた。そうすると、客はこの食物をいつまでも忘れずにいて、ああ美味しかった。もっと欲しかったと思うが、サアサアとうんざりするほど持ってくると、あとは忘れてしまうものですよ」(『独歩——魯山人芸術論集』)

美味いものをもらっておいて、この言い草である。

ここはせめて「それはまことにありがたいですな」とか、「お求めになったところを教えてくだされば、食べたくなったとき自分で求めますから」と返すのが世間の常識というものだ。だが魯山人は真正直に意見を述べただけでなく、「あなたは幼稚だ」とさえ言った。

これは筆者の勝手な想像だが、黒田は家にチーズをたくさん持っていたわけではなくて、そんなに喜んでもらえるのなら新たに手に入れて送ってあげたいと考えたのだと思う。

そんな好意の言葉に対して、魯山人はなぜ失礼な言葉を返したのか。それはじつは、ここにこそ美食の本質、要諦があったからで、相手が料理研究家だったからこそ看過できず、そのような返事をしたのである。

美味いものは少しだけ

美食は、胃袋の中にだけ収まるのではない。否、むしろ豊かな記憶として頭の中に収まるものなのだ。

どんなに美味いものも、食べ過ぎると飽きるのが人間である。美食は、しばらく時を置いて、そして適量を食べることによって満足するものであり、その幸福な記憶はこの節度の中で熟成し発展する。美米のように、いくら食べても一生飽きないものも例外としてあるが。

しかしその他の食物は、素晴らしく美味いからといって食べ過ぎれば飽きてしまい、美食の記憶は消失し、ときとして再び甦ることがない。そうなると人は一つの美食を失っただけでなく、一つの喜びを失ったことになる。

魯山人の言葉を黒田がどう受け取ったかはわからない。

しかし料理研究の道を歩む黒田のことだから、魯山人の言葉で言えば、**「分る奴には一言いってもわかる。分らぬ奴にはどう言ったってわからぬ」**（『独歩——魯山人芸術論集』）で、おそらく魯山人の一言でなるほどと理解し、魯山人に感謝したに違いないのである。

なぜなら魯山人のこの言葉には、美味についての本質が語られていたからで、黒田はおそらくこの日を以て大いに変わったことだろう。

芥川龍之介の『芋粥』に学ぶ

このことで思い出すのは芥川の『芋粥』である。

大正五（一九一六）年に発表されたこの短編小説は『今昔物語』からの翻案だが、どんな話か忘れている方もおられるだろうから、改めてあらすじを述べよう。つぎのような話である。

平安時代に、摂政・藤原基経（もとつね）に仕えるある五位の侍がいた。五位とは、昇殿を許される最下位の地位の称号である。その五位の某（なにがし）は四十過ぎで、妻に逃げられて独り身の、まことに風采が上がらぬ男で、周囲の者たちから馬鹿にされた存在だった。

その彼は、芋粥を飽きるほど飲みたいという、希望というよりは執着を持っていた。当時芋粥は無上の佳味の一つとされ、天子の食膳に上げられるほどの美食扱いで、よほどの機会がないかぎり五位の侍の口には入らないものだったのである。

芋粥は、山の芋を中に切り込んで、それを甘葛（あまずら）の汁で煮たものである。この甘葛なるものの正体は不明だが、今日、アマチャヅル説が最も有力なようである。

さてその年も正月明けに、主君・基経の屋敷で上達部（大臣など三位以上の上級職の者）らを招いた大饗が催された。これは恒例の行事になっていて、さまざまな料理が出される。基経に仕える者たちは一堂に集まって、これらの残肴を相伴することが許されていた。五位の某は、年に一度のこの席で芋粥を飲むのを無上の喜びとしていたが、その年の芋粥はとりわけ少なく、そのせいか格別美味だった。

それで彼は、飲み終えて空になった汁椀をしげしげと眺めつつ、誰に言うともなくこうつぶやいた。

「何時になったら、これに飽ける事か（飽きるほど食べられることか）のう」

幸か不幸か、この語を民部卿（今の財務大臣のような役職）である時長の子・藤原利仁が聞いていた。それで利仁は、五位の某に向かって言った。

「お気の毒な事じゃ」「お望みなら、利仁がお飽かせ申そう」

この話で周りの視線が集まって来たのを感じた五位の某は、利仁の申し出を断りたいと思ったが、その場の成り行きで「忝うござる」と心に反した返事をしてしまう。

それから数日後の朝、彼は利仁に誘われて馬上の人となった。市中を出ても馬は進む。粟田口、山科、三井寺……と、芋粥を飲みにこんな遠出をするとはと怪しんで訊ねると、つぎのような返事が返ってきた。

「実はな、敦賀まで、お連れ申そうと思うたのじゃ」

「敦賀と申すと、あの越前の敦賀でござるかな。あの越前の――」

敦賀とは、滅相な。着くまでに何日もかかる。そう思ったが後の祭りである。相手は高位の侍だから、ここまで馬を進めてしまってはもはや従うしかない。

さらに馬を進めて行くと、二人の前にキツネが現れた。利仁はそれを捕えて、自分たちの到着を敦賀の屋敷に伝えるよう言い付ける。利仁は敦賀の有力者・藤原有仁の娘婿だったのである。

キツネが用を果たしたと見えて、琵琶湖にさしかかったところで屋敷の者たちの出迎えを受ける。

話はそれるが、越前といえば越前大野上庄（福井県大野市）の里芋が今は名高い。里芋というのは、人参もそうだが難しい食材で、見かけを裏切る味のものが多い。美味い里芋や人参を食べたければ値段や見かけで選ぶのではなく、産地や生産者を選ぶのが賢い。里芋は千葉や鹿児島産も知られているが、何といっても越前の上庄である。またこれと甲乙つけ難いのが、越中富山の山野（やまの）と焼野（やけの）の里芋である。より粘り気と香りが強いのが山野、柔らかく圧倒的な日持ちを誇るのは焼野だが、いずれにしてもどちらも素晴らしい。この二つの土地は沖積平野である同じ砺波（となみ）平野の中にあって、土がよく水はけがよいことで知られている。

里芋は、一説によれば縄文時代の後期に東南アジアから招来したというが、上庄の里芋の記録は室町時代までしか遡れないようだから、この時代の越前では里芋ではなく、この物語が語っているように山芋が名産だったのだろう。利仁が集めるようにと命じたのは切り口三寸（九センチ）、長さ五尺（一メートル五十センチ）の大長芋だった。

翌日、五位の某が目を覚ますと、広い庭に数千本もの山芋がうず高く積まれて、何十人もの女たちが芋粥を炊きはじめている。一刻ののち、彼は利仁らとともに芋粥の膳に着いた。芥川の筆では、目の前の芋粥はつぎのようなものだった。

「銀（しろかね）の提（ひさげ）（注ぎ口のついた手鍋）の一斗ばかりはいるのに、なみなみと海の如くたたえた、恐るべき芋粥」

一斗は一升の十倍である。土器（かわらけ）の椀に注げば五十杯から七、八十杯にはなるだろう。もはやこの物語の先は、読者にとって想像に難くないはずである。


芋粥がなみなみと、海の如く入った提を前にして、緊張のあまり髭や鼻に汗をかきはじめた五位の某の食欲は完全に萎（な）えていた。否、彼の食欲は庭に積まれた山芋の山を見たときから、すでに萎えていたのである。

無理をして提に半分だけ啜った。残り半分の三分の一を何とか飲んだとき、あとが続かないのを彼は感じた。五位の某はしどろもどろになって言った。

「何とも、忝（かたじけの）うござった。もう、十分頂戴致したて。――いやはや、何とも忝うござった」

すると間、髪を容れず、有仁の声が飛んできた。

「これはまた、御少食（ごしょうしょく）な事じゃ、客人は、遠慮をされると見えたぞ。それぞれその方ども、何を致しておる」

童どもが椀に芋粥を注ごうとする。

「いや、もう、十分でござる。……失礼ながら、十分でござる」

絶体絶命。進退はここに窮まった。

とそのとき、使者を務めたあのキツネが軒先に現れた。

キツネが芋粥を欲しがる様子を見て取った利仁は、キツネにも食わせよと命じる。五位の某は今や皆の関心がキツネに移り、もう自分に芋粥を勧められることはなくなったと安心して、ここへ来る前まで芋粥に憧れていた幸福な自分を懐かしく思い起こすのだった。

『芋粥』はこのような物語である。

飽きるまで芋粥を飲みたいという欲望の悲哀を、面白おかしく描いたこの短編は、もとより美食の奥義を語ろうとして書かれたものではないが、先の魯山人の言葉と照らし合わせると、奇しくも美食の本質を描いて余りある。

幸福の記憶が美食を作る

好物を食べ過ぎては人は美食を失い、たった一つの幸福さえ失うという意味深な読み方ができる物語だが、では美食はいかにして美食となり得るのか。

私はかねがね、歳を取るのを悲しみ、若者を羨む者が、同時に、美食に欲を持つのを嘆かわしく思ってきた。なぜか。草葉の陰の魯山人を代弁して、その理由を語ってみたい。

たとえばである。

生まれたばかりの子には過去がない。未来ばかりである。これはいかにもよさそうに聞こえるが、過去がないということは懐かしむものがないということである。一方、先が長くない老人は、懐かしむものがたくさんあるということである。

美味いまずいは小児であろうが老人であろうが年齢性別に関係なく、それぞれの味覚によって判断できる。しかしそれはあくまでも味覚の話であって、美食の話ではない。

美食は、美味に対する幸福の記憶が積み重ねられることによってのみ生じる。

小児には、美味不味(ふみ)の感覚はあっても美食の記憶はない。小児に高級寿司店や高級フランス料理店などで好きなものを食わせている親をときどき見かけるが、あれは最も愚かな行為であるだけでなく、美食の何たるかを自らに問うたこともない愚か者である。また店主やウエイターや周囲の客に不愉快を与えていることに気づかない鈍感者でもあり、当の小児も、美食の幸福を感じているわけではないから一層哀れである。

あまりにもおぞましい光景で、筆者などはたちまち料理がまずくなり、大枚をどぶに捨てた気分になる。店も店である。名のある店は客に年齢制限を課すべきではないか。

美食を子どものときから与えれば美食家に成長するわけではない。

私は、子どもにはまずくて安いものを食べさせるべきだと言っているわけではない。ただ将来、感動や豊かな体験を持たないまま身についた、ただの贅沢者の悲哀にぶつかり、趣味の悪い、無粋で無神経な人間になりはしないかと心配するのである。

美味は金で買える。しかし美食は金では買えない。なぜなら美食は舌の問題を超えて、時間と、経験と、喜びの記憶に深く関わっているからだ。美食は貧富の差を超えている。魯山人の先の言葉、「(私のように)裕福ならざる者が料理道楽をやり出しますと、反対に安値でうまいものが食べられるようになるのでありまして……」が成り立つ所以(ゆえん)である。

節度をもった美食家は、老いるほど美食の数を増やしていく。それはその人の人生を支え、懐かしさと幸福とを生み出し、その人を健康にし、己の生と大自然を讃えていく。人は老いる中で美食と大いなる自然観を獲得するのである。

「米一粒でさえ用を完うしないで、捨て去ってしまうのはもったいない。（中略）用あるものは、ことごとくその用を使い果たすところに、天命がある」

（『春夏秋冬　料理王国』）

食べ残し、あら、はらわたを食する

「もったいない」は経済的な感情だが、「天命」は思想である。

貧しい時代に「もったいない」を学んだ少年は、長じて食材のすべてを生かすことの中に天命を見た。これは偉大な成長と言わねばならない。

世の中には、もったいないと思わずに賞味期限が切れた食品を捨てる者がいるし、もったいないという感情を資源の無駄遣いや環境保護問題の裡に捉えて、良心の呵責を感ずる者もいる。どちらも唯物論的感情である。

しかし「天命」はまったく違う。庶民的、経済的というのではなく、大げさに言えば存在論であり、宇宙観であって、『涅槃経』が説く「一切衆生悉有仏性」、転じて「山川草木悉皆成仏」（最澄）に直結する。魯山人は経済問題や環境問題や積善活動を考えていたわけではない。禅寺の雲水ならいざ知らず、一粒の米も殺さず生かしきる日常を今日、誰が実践しているだろう。

魯山人は別のところでこう言っている。

「日本では、料理をする場合に実によくゴミを出す。魚一つ切っても頭を捨て、尾を捨て、腹わたを捨て、少し極端に云へば大部分を捨てゝ了ふ。それは一つには料理法を知らないからではあるが、料理法を知らなくてもよい程、材料が豊富であるといふ点に起因してゐると思ふ」（「支那料理と京都料理」『星岡』五十七号、昭和十年六月）

残肴料理

魯山人は客の食べ残しを再調理し、それを「残肴料理」と称して捨てることをしなかった。これは三十代のはじめに京都の数寄者・内貴清兵衛の食客だった時代に、内貴が仕出し料理を食べ残すのを見てはじめたとされるが、内貴はこの再調理をはじめ魯山人の料理があまりにも美味だったのでその腕前に仰天し、「タクアンを百通りに調理して見ろ」と言ったという。（吉田耕三「北大路魯山人伝（十一）」『陶説』九十六号、日本陶磁協会、昭和三十六年三月）

それから四十年後、魯山人のもとに料理修業に入った懐石辻留三代目の辻義一は、つぎのように書いている。

「魯山人先生は、星岡茶寮の頃、『お客様の残したものをそのまま捨てるのは、もったいない。（中略）手がつけられなかったりした場合には、もう一ぺんこれを生かして、自分たちの味覚研究として、試食するくらいの気配りがなくてはならない。そのまま捨てるのは芸のないはなしである。自分は残肴の活用を得意とするところである――』と書いておられます。

誇り高く贅沢三昧の魯山人の言葉かと信じられない気持ちです。（中略）私は衛生のうえからも、また私自身が気持ちわるがり屋なので、すぐ捨てるように言っていますが、考えなおさないといけないでしょうか」（『魯山人・器と料理　持味を生かせ』）

魯山人がどんなふうに魚のあらやはらわたを調理し、客を感動させたかは、星岡茶寮の料理主任（実質料理長）だった松浦沖太が書き遺している。

「（星岡茶寮では）まず、一番目に猪口（ちょこ）が出ます。先付（さきづけ）ですね。本物の珍品をほんの少しお出しして、最初に客の心をつかんでしまうんですわ。（中略）
（そしてつぎに）材料の切れ端を工夫して作ったのが、前菜です。（中略）魚のはらわたなんかも、キモから子から一度湯通ししてきれいに洗って、水気を切って、適当に切る。それにハリショウガを入れて、酒でさっと煮るんです。それが工夫なんですね。その味たるや絶品なんです。（中略）

先付に続いて（出てきた料理を客が見て）、『これはなんだ。エッ、魚のはらわた。この味が魚のはらわたね……ン……うまい。さすが星岡だ』となるんです。（中略）

前菜を日本料理に取り入れたのは、先生がはじめてです。いわゆるオードブルですね」
（『魯山人　味は人なりこころなり』）

話を天命に戻そう。

魯山人は最晩年まで、客が手をつけたものや茶碗にこびりついた飯粒などを小鳥や魚や犬猫にやり、客が手をつけなかったものは自分で食べていた。辻はそのような先生の姿を目の当たりにして、自分が聞いていた先生のイメージとあまりに違っていたので驚き、先の言葉「誇り高く贅沢三昧の魯山人の言葉かと信じられない気持ちです」となったわけである。魯山人のこのような食習慣は、彼が残肴料理と名づけるずっと以前から、おそらく貧しい少年時代からのものだっただろう。

わかもと本舗社長夫人の長尾よねは、つぎのようなエピソードを語っている。

「星ケ岡を追はれた頃、私の処の者と魯山人と十五六人で大島へ行ったのです。皆んなですき焼をしてさんざん食べてしまふと、魯山人が『鍋に残ってゐるものを、ちゃんと残して置け』と言ふんです。私達は顔が赤くなってしまひました。そんなこと中々言へないものですよ。翌日、皆んなの食べ残りを集めて煮なほして、一人でうまいうまいと言って食べて——食べないかと言ふので、手を出したのですがこれがうまいんですよ。食ひ吝坊(しんぼう)だけあって達人ですね」(「魯山人傳說」『青山二郎文集　増補版』)

このエピソードの中では長尾よねは魯山人を「食ひ吝坊」とだけ捉えてその背景にある天命にまでは思い至っていないが、こんなふうに魯山人は自邸でだけでなく行く先々で天命を実践していたかもしれない。

その魯山人は残肴を生かし切っただけでなく、焼き上がりの悪い陶器を捨てずに銀彩などを施して活かしたが、これもおそらく同じ思想から来ているのだろう。天命の対象は生きとし生けるものだけでなく、山川草木に及んでいたと考えられる。

大根の皮は捨ててはならない

魯山人は調理の際もゴミをほとんど出さなかった。星岡茶寮時代、板場で調理すると他の板前の三分の一しかゴミが出なかったという。魯山人はつぎのように書いている。

「此の間も板場へ行ってみるとふろ吹大根をつくるといふので大根の皮を剝いてゐる。その皮を何うするかと試みに聞いてみると『捨てまんね』と言って平気でゐる。之を僕に持たしたら、例へば糟味噌へ入れて漬物にしてもよいし、その他何にでも重宝に使へる、いいものが何んぼ出来るか知れない。

人は之を廃物利用と呼んでゐるが、大根の皮の部分といふものは元来廃物ではないのである。皮の部分にこそ大根の特別な味もあり精分もある。だから元々皮を剝いて料理すべきものではない。皮を剝くのは、御客料理としての体裁とか、又は大根が古くて皮が無価

値になってゐるとか、さういふことのためなのである。（中略）私は鎌倉で大根を食ふ場合にはいつでも畑から抜き立てのものを用ゆる。勿論さういふ新鮮な大根は皮など勿体なくて剝けるものではない」（「料理する心」『星岡』六十二号、昭和十年十一月）

トリックも時には必要

魯山人は抜きたての大根なら、いつも皮付きで客に供したわけではなかった。

食通には皮付きで調理し、半可通の客には皮を剝いて出した。なぜなら「大根の皮は廃物」と考えている相手に、皮の美味さを知らしめるのはなかなか難しいことを知っていたからである。美味を産地などの知識でしか味わえない相手について魯山人は、味のわからぬ者には何か賢い話を付け加えて美味く感じさせるしかないとして、つぎのように述べている。

「世の中には、自分では味覚の通人であると自任しながら、その癖何も分ってゐない人々もある。恁ういふ手合は、第一段の誠実を親切心だけでは満足しない。それは此の種の人々は、所謂半可通に属するものであって、何か権威を以て押しつけなければ、美味いものでも美味いとは言はない。

其処(そこ)で慿ういふ手合にはトリックを用ゆるのが一番よい。（中略）例へば慿うだ。茲(ここ)に静岡の大根がある。然る時はこれを正直に静岡の大根ですと言はずに、之は名古屋の大根ですと言ってすすめるのである。すると彼は、名古屋の大根はうまいといふことを知ってゐるので、うんこれは美味いと言ふのである」（「道は次第に狭し」『星岡』六十一号、昭和十年十月）

静岡の大根にも名古屋を凌駕するものがある。

箱根大根の異名で知られる三島大根は、水はけのいい火山灰土の斜面で育てられることで格別の甘味と深味を蓄える。大根は名古屋と決めてかかっている半可通にこれを食わせるためには、静岡の大根と言っては客は食べる前から高をくくってしまう。トリックが必要だというわけだ。だから客の耳学問を逆手に取って一計を案ずる。これは方便であり、魯山人が言うように賢い話である。

こうして件(くだん)の客は、静岡の大根を味わいながら「この名古屋の大根は名古屋の大根の中でも飛び抜けて美味い。これだけの大根を今まで食べたことがない。さすがは星岡茶寮」と大満足する。魯山人は心の底でこう言ったかもしれない。

〈それはよかった。どうだ、本当に美味いだろう。この「名古屋の大根」の美味さはほかでは絶対に味わえんよ。何しろ名古屋の大根ではないんだから。また食いたいなら茶寮に来るしかない〉

魯山人が言わんとしているのは、美味求真のためには固定観念を捨てて虚心坦懐になるべきであり、金を出して美食にありつくことはできても金を出して美食を見出すことはできないということだ。美食は知識や情報にあるのではなく、敏感かつ自由な舌によって、自ら勝ち取るところにある。

地方少量野菜の衰退

話はしばらく逸れるが、世の中にはほとんど知られていない美味い葱や美味い大根や馥郁たる香りを放つ柚子がある。しかしそれらにブランドがなかったり、形が悪かったり、生産量が少ないために流通に乗らず、滅びつつあるのが現状だ。

宅配便のネットワークが全国を網羅したのは平成九（一九九七）年のことだが、二十世紀末の物流網の確立と、「豊かさの実現」のためと称して政府が昭和四十一（一九六六）年に野菜の安定供給を目的に公布した「野菜生産出荷安定法（野菜指定産地化）」によって、農家のモノカルチャー化が起き、規格化と品種改良が進められた。モノカルチャーとは、人参なら人参だけを作る単作農業への特化で、つぎに述べるF1(エフワン)種による国家規模の食材の部品工場化である。この結果、流通に乗せにくい少量の優良蔬菜や日持ちが悪い品種は、美味くても流通から切り捨てる「プロクルステスの鉄のベッド」現象が各地で起きた。

F1ハイブリッドはFirst filial generation＝「雑種第一代」の略で、異なる優良性質を持つ二種の掛け合わせによる一代かぎりの新交配種のことである。各地の土地環境の中で長い時間をかけて交配を繰り返すことで独自の適応をとげていった固定種、いわゆる「地方野菜」に対して、大量生産を目的に生命操作された全国展開型の種子であり、農薬や肥料の使用が不可欠とされる。これらの開発や、外国産の輸入やアウトソーシングが加わって、食材の状況は一気に平準化した。

だから今の日本人は、各地の「道の駅」(生産量が少ない地方野菜は流通に乗せられないので「道の駅」や地域の「朝市」などで販売されている)を目ざすなど、よほど努力しないかぎり地方で育まれてきた本物の味を味わえなくなっている。

筆者が危惧するのは、そのような平準化した味に舌が慣れてしまうと、固定種である地方野菜を美味しく感じられなくなり、ますます地方野菜が駆逐され、短期間のうちに日本人の味覚の受信器(レセプター)に退化が起きるのではないかということである。

平準化した作物の全国制覇によって、日本人が受け継いできた伝統的な食味の受信器（味覚、嗜好）が変質し、あるいは慣らされ、ついには壊れてしまうのではないか。そうなっては本物の味も美味も美食もあったものではない。

うま味調味料や化学調味料をどう考えるか

すると、そんな時代であるからこそのフィクションが生まれる。

「本当の美食とはそういうものではなくてこういうものだ」という新しい嘘である。近年のグルメブームの流れの中で、魯山人の眼から見ればあまりにも馬鹿馬鹿しく、もはや怪異としかいいようのない珍解説が氾濫しはじめている。すき焼きに、切った葱の寸法や鍋への入れ方まで指定して、これが美食の世界だというような、こだわりばかりが幅を利かせたそれらの内容はたんなるレトリックで、魯山人が生きていたら一笑に付しただろう。

それはともかく、新しいフィクションが生まれる現代の食の現状を見てみよう。

たとえばスーパーマーケットの刺身の盛り合わせである。

ツマの大根のケンと大葉は中国産、切り身は外国の養殖魚（生け簀が狭いため運動量が少なく、全身に脂肪がついてメタボ化し、薬品漬けが問題視されている。好例は養殖本マグロの大トロで、「大トロでこの値段は安い」と消費者に受けているようだが、レセプターが壊れはじめてこそ成り立つ好みである）、粉ワサビは中国産（仮に本ワサビがのっていたとしても、香りの弱い中国産や台湾産やニュージーランド産）が主流で、刺身の盛り合わせパックの中身のすべてが近い将来外国産になるかもしれない。


内容がすっかり変わりつつある刺身の盛り合わせと並行するように、出来合いの食品には味のカムフラージュのために「うま味調味料」というものが進化してきている。

冷蔵庫の中の加工食品の「原材料名」の欄を見てみるといい。保存料などに混じって、うま味調味料に類する添加物の名が記載されているはずだ。

うま味調味料とは、業界からの批判を恐れずに言えば「これさえ混ぜれば、まずいものが一瞬で絶品になる薬品」のことである。エイッヤッで、「まずい、安い、早い」が「美味い、安い、早い」に化ける。調理の簡単、楽チン時代を下支えしているのは、これに負うところが多い。

混ぜるだけでオーケーの「○○の素」、お湯を注ぐだけでオーケーの「××スープの素」、かけるだけでオーケーの「△△のタレ」。これらを使えば粗悪な肉や古い野菜も後を引く味に変わる。しかしそれは素材の持ち味を味わっているのではなく、うま味調味料を味わっているにすぎない。

魯山人は、日本料理には複雑な調味料や複雑な調理法は無用のことが多く、天然の味を生かして味わうことが基本だと言い、しかしながら天味（てんみ）の素晴らしさを知ろうとする者が少ないのは**「一般には分り難い天然味と大衆に分り易い人巧味」**の問題があるとして、他国の料理と比べてこう述べている。

「西洋料理の如く支那料理の如く、人間の取り繕（つくろ）った味と云ふものは大衆に分り易い。だが分りさうで分り難いのは（中略）**天然の味を知ることだ」**（以上二文、「世界の『料理王逝く』と云ふことから」『星岡』五十七号、昭和十年六月）

日本料理は、魯山人に言わせれば、天然の素材の持ち味、野趣を帯びた香味を聴く、あるいはたずねるところにある。和食は平成二十五（二〇一三）年にユネスコ無形文化遺産に登録されたが、食の内容は養殖やＦ１蔬菜などへの移行や調味料の乱用によってむしろ悪くなってきている。

うま味調味料というのは、グルタミン酸ナトリウム（ＭＳＧ）など各種ナトリウム、各種カルシウム、各種カリウムなどを原料とした人工調味料で、かつて「化学調味料」と呼ばれていたが、化学という言葉に負のイメージがあるために、新たに「うま味調味料」という言葉を造り、この言い換えによって消費者に安心感を与えたものである。

二十一世紀の現在、多くの醸造会社はだし入り味噌を造っている。消費者もだし入りでないと満足せず、うま味調味料が添加されていない味噌を使うと物足りなさを感じるようになってきている。

このような状況とは差があるものの、八十、九十年前の魯山人の時代にも「化学調味料」は蔓延していた。味の素が販売されたのは明治四十二（一九〇九）年で、日本をはじめ中国や台湾、朝鮮やアメリカに広がり、現在のサプリメント信仰のように、家庭から料亭に至るまで味の素が使われた。

昭和八（一九三三）年初冬に魯山人が下関にふぐを食べに行くと、細かく切ったアサツキの上に味の素が盛られていて、ふぐ刺しのポン酢は味の素を入れて食べるようになっていたという。魯山人は下関にはふぐの食べ方を知る者がいないと指摘して、そのころつぎのような警鐘を鳴らしている。

「これ（調味料）はどこまでも補助材料であって、これらの味付けで何かをうまく食うものと考えては間違いである」

「料理がインチキになるとともに材料そのものがインチキになっている」

「良い料理には味の素は不可　味の素は近来非常に宣伝されておりますが、私は『味の素』の味は気に入らない」（以上三文、『独歩——魯山人芸術論集』）

以下はブラックユーモアのような話だが、葉山マリーナを作った味の素（鈴木商店）の三代目社長・鈴木三郎助の夫人が魯山人の大ファンで、あるとき魯山人の料理講習会にぜひ出たいと言ってきた。魯山人はそれまでの講習会で「味の素をなるべく使用するな、料理が台なしになる」と連呼してきており、つぎの講習会でも力説するつもりだったから「夫人が満座の中でそれを聞くにたえないだろうと思い」丁重にお断りしたと書いている。

（『春夏秋冬　料理王国』）

しかし魯山人は味の素を全面否定したわけではなかった。

若干なら味の素は使い方によっては使えないこともなかろうと言い、「**化学調味料も死んだ味を生き返らせる意味で、ある場合はよろしい**」「**不精者にはまことに都合がよろしい。（中略）（だが、味の素はやはり）味の低下をもたらす元凶だと言いたい気がするのである**」と述べつつ、「**なるだけ化学調味料は使わないのがよいと思う**」「**ほんとうに化学調味料を生かして使っているのは私だけだと言えるだろう**」（以上四文、同前）などと、魯山人にしては珍しく牙を剝かず鷹揚な態度を見せている。これは当の味の素社長夫人に対してだけでなく、魯山人の熱烈な支援者であった「わかもと」の社長・長尾欽弥夫妻を慮（おもんぱか）ったのかもしれない。

味の素は星岡茶寮にも魯山人の台所にもあった。購入したのではないようだから、魯山人ファンの味の素社長夫人がどんどん送りつけたのかもしれない。

魯山人はしかし、茶寮でも自宅でも何年経っても減らなかったと述べ、使用の結果を数年後にこう報告している。

「**私の経験上『味の素』は味が低く且つ味が一定して不可ないと思ひます。昆布なり鰹節を自分の加減で風味するのがよいと思ひます**」（「日本風料理の基礎観念」『星岡』三十七号、昭和八年十二月）

あらゆる「生」は等しく価値がある

さて食材に対する魯山人の態度は、ただもったいない、ただどこもかしこも食べられるということではなく、「山川草木悉皆成仏」のような価値観に基づいていただろうことはすでに述べた。幼いころ「うちの子どもじゃない」と罵られ、ひどい折檻を受けて養家をたらい回しされて育った少年は、「なぜ自分はほかの人と同じように扱われないのか」と苦しんだに違いないし、長じるにしたがってその疑問は「地上のあらゆる『生』は等しく価値あるもの」という信念に至っただろう。いじめられることで、彼は誰よりも健全な考えに至り、命の意味を会得していったと思われる。

ときとして傲慢と謙虚、利己主義と博愛主義とが共存するように見える魯山人の生き方は、相反する二つの本能が力強く弾かれたときに大きく振幅する弦の姿に似ている。力強い音が出るのは、純粋な感情に支配された弾き手がより深く本質を掘り下げようとしたときだ。

魯山人は周囲の眼を気にせず、阿諛追従（あゆついしょう）を嫌い、追従（おべっか）よりは自分が批判されることのほうを好み、生身の自分をさらけ出す生き方を貫いた。とりわけ権威への反発は激しかった。人間国宝を辞退したときの言葉にそれはよく表れている。

「現今、芸術の世界にまで勲賞が授けられることになり、大いに懐工合のタネになっているらしいが、文部大臣賞とか芸術院賞とか言っても、肝心の文部大臣が芸術のなんたるかを知らない者であっては、どうにもならない。賞をくださる人が目利きであっての授賞なら話はわかる。だから、賞を貰う前に、『一体誰がくれるんだ』と、先ず授賞を決定する御当人たちの選衡（せんこう）からはじめねばなるまいね。目の利かん者が決定するなどは、傲慢であり、無法であり、不遜と言う他はないね」（平野武「魯山人こぼれ話（4）」『陶説』百二十四号、昭和三十八年七月）

魯山人は星岡窯に住む職人の子どもたちにとても優しかった。当時住んでいた子どもたちは皆そう言っている。仕事中の窯場(かまば)を走り回っても魯山人は文句を言わなかったという。魯山人が子どもたちにそのように優しかったのは、折檻されて育った自分の記憶が関わっていたに違いない。その彼は、自邸でたくさんの動物、犬猫や小鳥や鷹、家鴨(あひる)や熱帯魚などを飼い、種々の山野草や樹木を育て、専門の庭師を雇っていた。

魯山人の住居である星岡窯の風景は息を呑む美しさで、イサム・ノグチと暮らした山口淑子(李香蘭)は、「シャングリラ(理想郷)だった」と回想している。すべての生命が光り輝いていた星岡窯の風景は、北大路魯山人という一人の人間の自然理解と美意識によって作り出された象徴的な庭であって、それは魯山人の内面のまったき投影だったと言っていいだろう。

魯山人が生涯においていちばん多く揮毫した文言の一つは「天上天下(てんげ)唯我独尊」だが、この言葉はよく誤解され、「この世に自分ほど偉いものはいない」という意味に取られて「傲慢な魯山人にじつにふさわしい」、「自らこの言葉を選ぶんだから呆れたものだ」などと言う人がいる。

しかしこの文言の真の意味は「『自分』はこの世の誰とも代わることができない唯一無二の存在で、人間として生を与えられた『私』という命は大変尊いものである」ということである。

仏教にはほかに「人身得難し」（道元）という言葉もある。この言葉の意味は「生命はいろいろな姿でこの世に姿を現す。獣だったり、虫だったり、魚だったりする。その中で人間としてこの世に生まれたことは希有なことだから、そのことに感謝し、己の命を大切にして生を全うすべきだ」ということで、魯山人が愛でた「天上天下唯我独尊」につうずる。

第三章

美食にふさわしい器とは

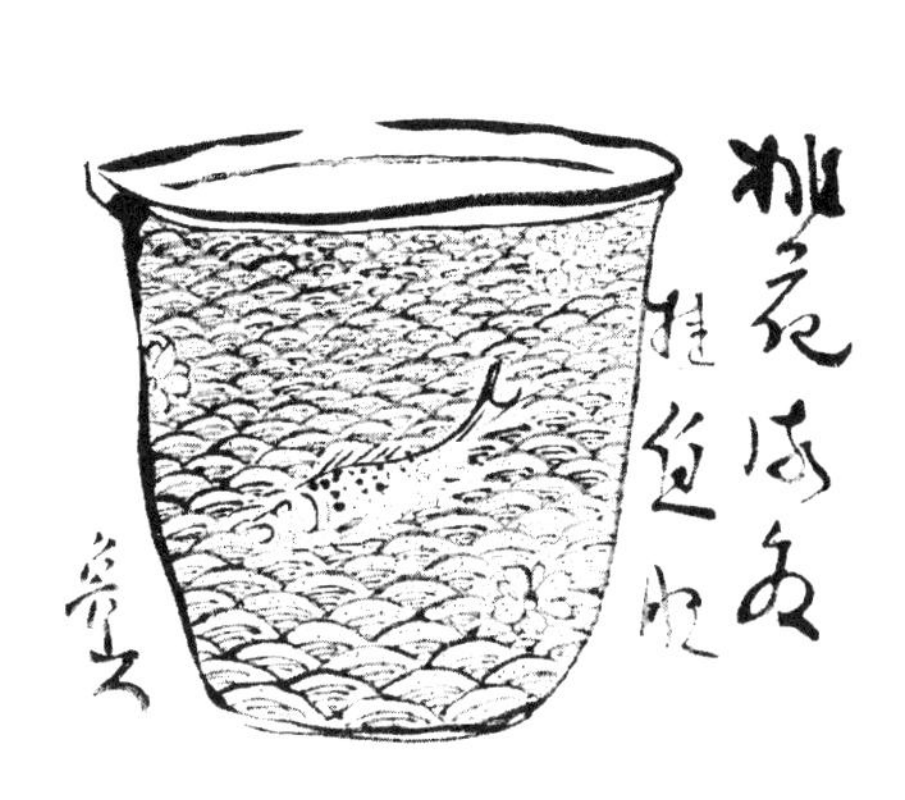

絵と書＝北大路魯山人（『星岡』30号、昭和８年５月）

ロクロばかり廻していたとて、名陶は生まれるものではない。(中略)良師益友を古人から選ぶことは、(名陶を生むために)最も得策である。

(『独歩——魯山人芸術論集』)

「食器は料理の着物である。（中略）衣裳が婦人の生命でありますならば、食器はお料理の生命であると言えましょう」

（『独歩――魯山人芸術論集』）

魯山人の最もよく知られた言葉である。

と同時に、魯山人の芸術活動の淵源を語っている言葉でもある。

魯山人は、作陶においても漆芸においても「食器一辺倒の人」だった。もちろん彼は食器だけでなく花器も作ったし、漆の盆やテーブルも作った。画を描き、款印を刻り、屏風や扁額や掛軸や濡額を作り、多くはないが水指や香合を作り、灰皿や火入れや火鉢や、陶硯や筆筒や硯屏や大壺を作った。それどころか、風呂場のタイルや鬼瓦や便器さえも作った。

また、少女給仕人たちのために振袖や浴衣、帯、帯留めなどやブローチを作り、扇子や団扇(うちわ)絵を描き、作庭や室内装飾も手がけた。美食倶楽部時代前後からはじまったこれらの仕事は、その大部分がたった一つの目的、美食の場を演出するために営まれたもので、その中心は器の制作だった。

料理と食器は車の両輪

美味い料理にはそれにふさわしい器が必要だと、魯山人は一生をつうじてさまざまに語っている。いくつか挙げると、

「せっかく骨折って作った料理も、それを盛る器が、死んだものでは全くどうにもなりません。料理がいくら良くても容器がへんな容器では、快感を得ることが出来ません。私は生きた食器、死んだ食器ということを言っておりますが、料理を盛って、生きた感じがしますのと、何も彼も殺してしまう食器とがあります。(中略)

食器が下(くだ)らぬものでは料理まで生きませんから、料理と食器とが一致し、調和するように心掛けるのであります。その食器を選ぶということも、唯やかましく言うだけのことではなく、食器そのものを愛し、取扱うことが楽しみであり、また、その食器をいたわりいたわり扱うというところに、料理との不二の契りが結ばれるのです。食器が楽しいものに

なれば、必然料理が楽しいものになるのです。それはあたかも車の両輪のようなものでありましょう」

と語り、そして、

「『俺の料理はこういう食器に盛りたい、こんな食器ではせっかくの俺の料理が死んでしまう』と、昔の茶料理のようになってこそ」

と言い、さらにこうたたみかけている。

「つまらない食器では飯は食わぬというだけの識見を持ち、深く高く有意義に（人生を）終るべきだ。食道楽も生やさしいものではない」（以上三文、『独歩——魯山人芸術論集』）

料理人のあり方

そして料理人に対しては、

「料理をやる人は、食器を勉強しなければいけない」（同前）

と忠告し、

「食器を吟味いたしますことは、決してぜいたくではないのであります」（『魯山人料理控』）

と諭している。

まだほかにもいろいろと述べているが、それらの言葉を要約すると、〈料理人は料理にだけ腐心するようでは駄目だ。板前が自分の包丁の冴えに満足しているようでは幼稚にすぎる。器に関心を抱き、器を愛し、美術全体に興味を持つべきで、人間としてもいい趣味を持ち、読書をし、教養を身につけることが大切。そうすれば料理は自ずと深く、豊かなものになる。料理は結局人であり愛情である。料理屋はソロバンを弾くことよりも、板前は技術を磨くことよりも、まず人を磨くことが先だ〉というのである。

こう主張する魯山人は、料理界の現状をつぎのように嘆いている。

「料理界を見渡して、紳士と呼ばるべきものが、料理屋の主人にもせよ、職人にもせよ、一人もいないということは、今日の料理がどんなものであるかということをもっとも雄弁に物語る。彼等の多くは普通教育的の教養さえもなく、勿論、書物を読むでなく、趣味を解する者などは一人もない」（『独歩――魯山人芸術論集』）

このような持論を持っていた魯山人だから、星岡茶寮（ほしがおかさりょう）の板前の募集広告は異例のものだった。

「料理人を募る
応募の資格。日本料理と限らず美的趣味を持ってゐる人。絵画、彫刻、建築工芸等芸術に愛着を持ち、今日迄食物道楽で変人扱を世間から受けた位の人。而して非常に健康な身体を持った人」（「料理人を募る」『星岡』三十五号、昭和八年十月）

魯山人がこの広告を打って九十年近くになんなんとする今日まで、このような募集をかけた料亭や料理屋は皆無である。そこで、蛮勇をふるって今、この類いの広告を打つ料亭は出ないものだろうか。魯山人のひそみに倣って、たとえば、建築家の美食家、画家の美食家、彫刻家の美食家、グラフィック・デザイナーの美食家らが板前や経営者になって奮闘する。何、情熱さえあれば元々器用な人たちだから、包丁の冴えなど一年もあれば十分だし、銭勘定を気にしない人たちだから、とんでもなく素晴らしい料亭が出現するかもしれないのだが。

料理にふさわしい器とは

さて美食を演出するには、それにふさわしい器が不可欠だと主張する魯山人は、明代の中国で素晴らしい器が作られたのは、当時の料理が素晴らしかった証拠だと言い、今のようにろくでもない器が氾濫しているのは、中華料理が低級になったからだと断言する。

そして、料理を吟味すれば器の質が上がり、よい器を求めれば料理の質が上がるとして、**「料理と食器は車の両輪の如き因縁を以て共に発達し、共に退歩しているものと私は見ている」**（『独歩――魯山人芸術論集』）と言っている。

こう述べる魯山人は、ではどんな器を作ったのか。

彼が言う「料理にふさわしい器」とはどのようなものか。それらは他の器とどう異なるのか。どんな特徴と魅力を持っているのか。そのことを知るには、古今の芸術陶器を三つのカテゴリーに分けて考えてみるのがいいと思う。

一つは、作品それ自体で完結し、何ものをも拒む器。二つは、受け入れの間口は広いが、その分内容が弱い器。そして三つは、他のものと融合することによって完成する器、つまり料理との調和を求める器。

何ものをも拒む器

一つ目は稀で、世の中にそのような器はほとんど存在しないが、この代表といえるのはたとえば「人類史上最高のやきもの」と言われる北宋汝窯青磁の「水仙盆」だろう。この神品至宝は小判形をしていて長径二十五センチ、高さ六、七センチの天青色の盆で、雲頭形の足がついている。

天青色とは、雨上がりのしっとりとした水分を含んだ空の色を指す。大きさに若干の相違はあるが、どれもほぼ右の寸法前後で、台湾の國立故宮博物院に四点、中国に一点、日本に一点の計六点が現存する。

かつてこの器は「冬青瓷洗」や、「猫食盆」の俗称で呼ばれ、永いこと紫禁城に収蔵されていた。しかし日中戦争がはじまると戦火を逃れて疎開させるために収蔵品の調査がなされ、その際「水仙盆」と改めて名づけられた。それはあまりにも美しいこの器の色が、どことなく水仙を想起させたからに違いない。

しかし命名の根拠はそれだけのことで、実際にこの器に水仙が馴染むわけではない。器の一つに微かに墨の跡のようなものが残っていたことから、筆洗ではないかとの意見もあるが、作られて九百年以上も経つのにこの器の用途は未だにわからないのである。

この器は、隠世（あの世）の彼方で水仙と繋がっている予感を与えたものの、現世では何物をもそこに載せることを拒否している。

間口が広い器

二つ目は、高い美意識と技術を以て作られているが、制作の目的と用途が漫然としていて、つまり間口が広いがゆえに何でも盛れる器である。逆に言えばどんな料理を盛ってもそこそこで、何を盛ってもドンピシャリとはいかない器ともいえる。綺麗止まりというべきか、調子が今一つ低い。現在の高級料亭で使われている器のほぼすべてがこれに当たる。

器がこうならざるを得ない理由の一つは、何のためにこの器を作るか、この器に何を盛ろうかという明確なイメージがないまま作られたからだろう。ただ綺麗に、「いい感じの小皿を作ろう」とか、「いい感じの小鉢を作ろう」とか、「いい感じの刺身皿を作ろう」という気持ちで轆轤（ろくろ）を挽き絵付けをすれば、当然心が入りきらないで作為ばかりが顔を出すことになる。

俗気が入ったまま技術と感覚の斬新を競えば、でき上がったものに佳作凡作の優劣はできても、内容がないという点ではいずれも同じである。だから料理を盛っても、食の喜びを与える力が十分でない。

陶器は絵画や彫刻などと違って、最終段階である焼成（しょうせい）の際に窯変（ようへん）などの偶然性が深く関わり、思わぬ発色と景色が生じて逸品が生まれることがある。日本の陶芸は他国のものとここが違う。他のアジア諸国やヨーロッパの器（主に磁器）は、造形や絵付けなどのデザイン性が重視されるが、日本の場合は焼成による上がりに美の大半が委ねられる。

これは土物（磁器でなく陶器）の場合だが、魯山人の言葉を借りれば、日本の陶芸は「美神に跪く（ひざまずく）」芸術であり、日本人の美意識は代々これに寄り添って、ここに学ぶ形で発達してきた。

目的がやや曖昧でも、ときとして一見百点に見える器ができ上がることがあるだろう。では、そこに同じく百点の料理を盛ったらどうなるか。

百点と百点を足せば二百点になるかといえば、互いに足を引っ張り合って、百点どころか八十点や七十点になったりする。互いに寄り添おうという意思なくして作られた二つのものを合わせることは難しく、妥協の産物になりやすい。それぞれは優れたものであるのに、片方は右を向き、一方は左を向くということが生じて、盛り付けしだいでは台無しになってしまう。

料理との調和を求めた魯山人の器

三つ目は、高い美意識と明瞭な目的を以て作られた器である。

同じ陶芸家の作であっても、里芋の煮っ転がしを盛ろうと思って作った器と、何を盛るかを考えないで作った器とでは、実際に里芋の煮っ転がしを盛ったときに、その差は歴然たるものになる。酒飲みが作ったぐい呑みと下戸（げこ）が作ったぐい呑みにも、これに似たことが言える。

魯山人のボキャブラリーを借りれば、片方は「生きた食器」であり、他方は「死んだ食器」なのである。具体的なイメージがあるかないか、明確な目的があるかないかで雲泥の差が出るのだ。だから高い美意識を持った美食家が料理と調和する器を作れば、その結果は目に見えて現れるわけである。そしてこれが魯山人の器の特徴だといえるだろう。

魯山人の器の魅力はそれだけでなく、眺めていると器から声が聞こえて来ることだ。「ここに筍じき鰹煮を盛れ」とか、「ホタルイカとアサツキのぬた（酢味噌和え）を盛れ」とか、「ナスの煮浸しを盛れ」とか（口絵写真参照）。そして「アサツキはホタルイカと混ぜ合わせないで、別々にして抱き合わせるのがいい。そうするとホタルイカの赤茶色とアサッキの浅黄色が映える。混ぜ合わせてしまうのは野暮だぞ」など、極めて具体性をもった声が聞こえて来ることである。こう書いているうちに、ぬたを作って魯山人の食膳に運んだ料理主任の松浦沖太を諭した魯山人の小言が浮かんできたので紹介しておこう。

「此の酢のものだがね、からした料理はせぬものだよ。（中略）之が何故いけないかといふとだね。魚の肉と胡瓜とをこんな風に混ぜたやうな風にして置くのが先づいけないんだ。（中略）もっとスカッと、肉は肉、胡瓜は胡瓜といふ風に区別して盛りつけるのがよい。恁ういふ風に混ぜたやうな変に曖昧なのは（中略）料理に品がなく、権威がないんだね」

（「贅沢料理と田舎料理」『星岡』五十八号、昭和十年七月）

魯山人の器を前にすると、直接こう言われなくても、そんな言葉がよみがえって来る。ちょっと頭を使うだけで、とても美味そうになることがわかるから、盛るのが楽しく面白くなる。そういうことを教えてくれる器はなかなかない。魯山人の器の独擅場であろう。

「私の作品は大抵、食物である限り、盛り方さえ上手であれば調和する自信があります」

（『独歩――魯山人芸術論集』）

作陶を志した理由

魯山人は器を作りはじめた経緯について、「なぜ作陶を志したか」という小文の中でつぎのように語っている。

「なぜ自分は陶器を作るようになったか、とよく人から訊ねられるが、自分は言下に、それは自分の有する食道楽からそもそもが起こっていると答える。自分は幼年の頃から食味に趣味を持ち、年と共に愈々これが興趣は高じて、遂に美食そのものだけでは満足が出来なくなってきた。

おいしい食物はそれにふさわしい美しさのある食器を欲求し、それに盛らなくては不足を訴えることになる。ここに於て自分は陶磁器及び漆器、即ち食物の器を自然と注意深く

吟味するようになった。そんな生活を続ける中に図らずも自分が美食倶楽部の一員となった。（中略）

その経営に当って、当然的に食器の問題にぶつかったが、何としても現代作られているものでは意を満たせなかった。そこでこれを古品に求め、古染付、古瀬戸、古赤絵、オランダ（デルフト焼）というふうに、茶碗、皿、鉢等を選び、日常の食器として用を弁ずることとした。かくして三年間、幸いにも非常な好評のもとに経営を持続しているうちに、（関東）大震災に遭遇して美食倶楽部も灰燼に帰し、当時所用の古陶器類その他一切を喪失してしまった。

しかし続いて星岡茶寮を経営することとなり、舞台は更に大きく展開し、時には百人前を越える器物一切を必要とするようになった。以前のように古陶磁でその用を弁じさせようとするのは殆ど不可能なことである。と言って、五条坂の陶器（京焼のこと。ここでは京焼にかぎらず伊万里や九谷や瀬戸を含めた質の高い工房既製品を指している）はまた用いらるべくもなかった。

ここに於て自分は京都の宮永東山、河村蜻山、三浦竹泉、九谷方面では山代の須田菁華、山中の矢口永寿、大聖寺の中村秋塘、尾張赤津の加藤作助等々の諸氏に依嘱して、先ず好みのままに生地（白生地。上絵付けや化粧釉の作業だけを残したもの）を作ってもらい、それに自分が絵付けをして震災後我々の所有となった星岡茶寮最初の器物を調えることとして、先ず当面の用を満たすことにしたのである」

しかし魯山人は満足できなかった。こう続けている。

「当時の自分は陶磁製作に関しては全く迂遠であって、奥田（誠一。古陶磁研究家、東洋陶磁研究所の創設者）氏の『陶磁（器）百選』などを別天地の思いで眺めていたところである。訳もなく他人に生地を作らせ、その上に絵付けをして先ず満足していたのである。（中略）だが作られた器物は職人が命ぜられるままに作られたもので、製作技術以外に内容に触れる所はない。技術的に一見綺麗には作られているが、それは決して美しいものではなかった。

宋窯を見せ、古瀬戸を見せれば、職人は直ぐにそれの外形をこそ真似はするが、その内容に大事な精神を欠くというのが避け難い状態であった。自分はここに他人の拵えた生地には非常な不満足を生じ、自ら土を採って作るのでない限り、到底自分の意に満たないという結論に到達した」（以上二文、『独歩――魯山人芸術論集』。傍点筆者）

職人に注文した白生地に絵付けする発想は、金沢の数寄者・細野燕臺との出会いによる。福田大観を名乗っていた北陸食客時代に、燕臺の家で燕臺が自分で絵付けした器を使っているのを見て、こんな風流な生活もあるのかと感心させられたのだった。

好奇心をそそられた大観は、その年の内に燕臺に案内を頼んで山代の須田菁華窯を訪れ、はじめて陶器の絵付けを経験する。それは星岡茶寮を開寮する十年前の大正四（一九一五）年、三十二歳の秋のことで、これが魯山人の陶芸の出発点である。ちなみに魯山人はのちに燕臺を鎌倉に呼び寄せて、星岡茶寮の顧問に迎えている。

「綺麗」を求めず「美しい」を求める

右の文を注意深く読むとわかることだが、魯山人は「綺麗」と「美しい」を明確に分けている。彼は「美しい」を求め、「綺麗」を求めていない。綺麗は不満であり、むしろ拒絶すべきものと捉えられている。

右の文で語られている「美しい」は、魯山人自身の言葉を借りれば、「大事な精神を持つもの」であり、「綺麗」は「大事な精神を欠くもの」ということになる。世間では、綺麗と美しいは同一視されることが多いが、魯山人の中では対極的な概念になっているのである。

このような理解のもとに、実際の魯山人作品を見てみると、陶磁器であれ漆器であれ、綺麗に仕上げるのを周到に避けていることがわかる。

汚くというと語弊があるが、造形や筆致に綺麗や完璧を避け、一見汚く、あるいは小児の純朴にもつうずる無垢と、彼が「当意即妙」という言葉で語った奔放さと自由とが表現されて、魯山人ならではの作品になっているものが多い。

造形も絵付けも無心で、のびのびして、豊かである。誤解を懼れずに言えば、魯山人は一見雑や汚さと見紛うところに風情と精神を込めた。書道について魯山人が語った言葉の中に「一見下手に見える上手がいちばん」とか、「野心があると俗になる」というのがあるが、作陶についても同じである。

綺麗を真似ることは比較的易しい。なぜならそれは技術の問題だからである。一方、雑や、汚いを真似ることは難しい。なぜなら当意即妙や無垢によって成り立っているからである。

だから、たとえば魯山人作品の中に赤呉須（あかごす）鉢の赤を綺麗に塗っているものがあれば、それはニセモノである可能性が高い。また轆轤（ろくろ）が完璧に挽かれ、歪みがまったくなく、中国磁器のような端正なものがあればニセモノではないかと疑ってかかっていい。日月椀（じつげつわん）の日月文様を丁寧に塗ったものがあれば、それは後代に塗り直したものか、現代の複製品のどちらかである。

もちろん綺麗に塗ってないからといって、それが即本物ということにはならない。汚く、あるいは雑に仕上げれば魯山人になるわけではない。稚拙や無垢や無造作を真似ることは難しい。たとえば幼児の絵を大人が真似ることが困難なのと同じだ。

魯山人が言うように、いかなる作品もその人から離れてでき上がっていないし、「人」こそが芸術にとって最も大切な要素である。魯山人はこう主張している。

「人間というものが出来ていなくて、しかも作品だけが立派に出来得るということは、ものの道理が許さないことである」（同前）

日月椀の塗りの仕事を魯山人に命ぜられた七代・呉藤友乗（ごとうゆうじょう）は、のちに昭和の名工と謳われた山中塗の塗師（ぬし）だったが、綺麗に仕上げると魯山人が「そんなに綺麗に塗ったらあかん！　もっと汚のう塗れ」と怒鳴ったという。汚くといっても出鱈目に塗れと言っているわけではないので、按配がわからず大変だったと回想している。

ざんぐりと盛れ

さて魯山人の料理の、器への盛り付け方である。

料亭では一分の隙もなく綺麗に盛ることが一流と思っているところがあるが、魯山人はそういう盛り方を嫌ってこう書いている。

「うすっぺらな並べ方は調子が低くていけません。ふわっと、ざんぐりと盛るのです。押しつけてはだめです」（「語録」『季刊銀花』八号）

ざんぐりという言葉は魯山人以前からあるが、魯山人のもとで料理修業をした懐石辻留三代目の辻義一は『魯山人・器と料理　持味を生かせ』の中でこの言葉のニュアンスを魯山人がらみでこう述べている。

「魯山人先生は、何ごとも自然がお手本であると口癖のように言っておられました。

料理においても同じで、魯山人の盛りつけを見ていますと、わ！わ！と何げなく無造作に盛ってしまわれました。そばで見ているとなんでもないように見えるのですが、ちゃんと計算されたようにおさまり、ごく自然に見えるのです。（中略）

盛りつけには、これはこうでなくてはいけないという決まりは全くありません。関東ではなじみのない言葉ですが、京都や大阪には、『ざんぐり』という言葉があります。『あの人は、ざんぐりしたおかたやなぁ』と、言われるのは最高のほめ言葉だと思います。肩ひじを張らない、ぎらぎらしてなく、自然体で人間味のある人のことをいいます。

盛りつけの場合、きれいに盛るのはまだやさしいのですが、ざんぐり盛るのはむつかしく、祖父の留次郎は、私の顔を見ると『ざんぐりと盛りや』と、たえず言っていました。（中略）

ざんぐり盛りつけるとは、さりげなく、それとなく美しく、内面をもうかがわせて、てらいのない自然体ということになりましょうか。（中略）

また、魯山人先生は、はでやかな器には、じみなものを盛り、じみな器にははでなものを盛ると言っておられました」

魯山人は料理は平たく盛るのではなく、やや盛り上げるのがよいと言っていた。辻は「魯山人先生は、『盛ることによって、おいしくなる』とも言っておられました」と言い、「おいしそうに盛るというのではなく、おいしそうに見えることが即ちおいしくなるということでしょう」と解説し、「同じものでもまずそうに盛ってあると、食べる前から食欲がわかず、結果的にまずくなります」と語っている。

「坐辺師友（中略）努めて身辺を古作の優れた雅品で満すべきである」

（『独歩——魯山人芸術論集』）

「坐辺師友」の意味

本書における最後の名言である。

「良師益友」という言葉はあるけれども、「坐辺師友」という言葉はない。昭和二十七（一九五二）年創刊の魯山人の個人誌『獨歩』に「坐辺の師友」という小文があるから、どうやらそれが初出で、この言葉は魯山人の造語のようである。

良師益友とは「優れた師と良い友は、自分を育ててくれる」という意味である。魯山人がこれを「坐辺師友」に置き換えたのは、〈現今の人物などロクなのがいないから、古美術を師とし、良友とすべきだ。良師益友を人間にかぎって解釈するのは間違っている。美しいものを坐辺（身近）において、そこから学ぶことがいちばん〉という実感からだった。彼は持論をつぎのように展開している。

「森羅万象なんであろうと、美しき内容をもつ限り、受け方一つで益友たらざるものはない。また、過去の人間、即ち我々が先輩である人々が遺してくれた美術芸術の数々、これらを指して益友と言うが妥当か、師と仰ぐが正しいか、これは自己の見識できめてよいとして、いずれにしても故人遺すところの芸術は手も届かぬ高さに麗しく光るものが多々有り、驚嘆に価いする事業を見る。これに感動するところをもって望めば、育ての親ともなり、幾分なりとも自分を高きに導いてくれる神仏でもある」（『独歩——魯山人芸術論集』）

そして「青年よ師を無数に択べ」と青年たちに訴えている。

「私は敢えて美術青年に警告してみたい。君等が師と仰ぎ、師事せんとするならば、少なくとも先ず二百年、三百年の昔の美術に注目せよ。五百年、千年、二千年、否もっともっと先の年代に成る幾多の作品に眼を移して視よ。そして、その年代の人間は、天地を貫ぬく自然の美妙を如何に観たか。（中略）無理やりに生き続けている今時の先生などに眼を

くれて、あれこれ調法しようとか、金をかけるなどは、自分の生き方に眼が覚めていないこととなる」（同前）

魯山人はなぜ陶器を蒐集したのか

星岡茶寮時代は金回りがよかったから、魯山人は中国や朝鮮、桃山の古陶磁を四千点蒐集し、星岡窯の敷地内に古陶磁参考館を二棟建て、それらをスミソニアン博物館（アメリカ）方式で分類して収蔵した。と同時に、古陶片を約十万片蒐(あつ)め、邸内の野外陳列場に並べて、朝の散歩の途中で手に取った。

王侯貴族でも財界人でもない一人の陶芸家が、これほどの蒐集をした例は古今東西ない。工芸の世界では、不思議なことだが、蒐める人と作る人ははっきり分かれている。若干の蒐集をした人に小山冨士夫や辻清明(せいめい)がいるが、コレクターと呼べるほどではなく、魯山人は正真正銘の例外である。

ついでに言えば小説家や画家や書家になると多くなる。川端康成、橋本関雪、安田靫彦(ゆきひこ)、宇野雪村(せっそん)らがそうで、とくに日本画家にコレクターが多い。陶芸家では魯山人を除くとビッグ・コレクターは皆無だが、この現象、どんな理由によるのだろうか。

日本でコレクターといえば根津嘉一郎、岩崎彌之助と小彌太、大倉喜八郎、安宅英一、出光佐三、五島慶太、細川護立、横河民輔、益田鈍翁（孝）らである。

大実業家や藩主の末裔だったこれらの人々の多くは、明治末から大正にかけて立て続けに起きた歴史的事象、すなわち義和団事件（欧米列強に対する排外運動から起こった清朝末期の動乱）、汴洛鉄道工事による漢代唐代の墳墓と副葬品（明器）の発見、韓国併合、清朝崩壊などによる前代未聞の古美術品流出期（明治末から大正時代）に遭遇し、潤沢な資金力によって極東の名品を蒐めた。そしてのちの根津美術館や静嘉堂文庫、大倉集古館や大阪市立東洋陶磁美術館（安宅コレクション）、五島美術館や永青文庫などの礎を築いた。

魯山人の周りでも松永安左エ門や大河内正敏、倉橋藤治郎や小林一三、内貴清兵衛や青山二郎といった実業家や数寄者らが、千載一遇のこのチャンスの中で東洋美術、とりわけ中華文物の蒐集を行い、それらの蒐集品は現在いくつかの美術館に収まっている。

財界人や数寄者たちは、鑑賞という言葉がもつ教養主義的な響きに誘われて蒐めたのか、それとも互いの競争心にあおられたのか、美の虜になったのか、投機が主な目的だったのか、あるいはそのすべてだったかもしれないが、そのような古美術の動乱期にあって魯山人の蒐集の目的は異なっていた。

魯山人は故き(ふる)を温ね(たず)て新しきを知るために骨董買いをしたのである。それが昂じて「参考と言うは名目であって、実は一種の骨董癖に陥ってしまった点もある」と白状してもいるが、志はそちらにあったわけではなかった。

彼は手に入れた古陶磁を身の周りに置いて撫で回し、矯(た)めつ眇(すが)めつして、そこから古意(こい)、美の奥にあるもう一つの美、つまり「美の美」と、造型の中に漂う自由で無垢な精神、融通無碍(むげ)を汲み取り、インスピレーションと制作上のヒントを得、それを創造のエネルギーにかえた。こう語っている。

「作家たらんと志すものは、まず美的教養を高くし、美を鑑賞することに達人たらねばなりません。美に関する限りすばらしい眼利きにまで到らなければなりません。(中略)また、作家たらんとする者は、世界中の古美術に、世界中の近代美術に鋭い眼を利かさねばなりません」(『独歩――魯山人芸術論集』)

人間、美しいものを見ると感銘を享け、憧れが生じる。

そしてその後の自分が変わってしまうことがある。板画家の棟方志功は少年時代にゴッホの「ひまわり」を見て感動し、「わだばゴッホになる！」と芸術への道を決めたという。誰しもがそうなるわけではない。が、魯山人もそんな人であり、彼の芸術活動の持続力は古美術蒐集と鑑賞から生まれ、創造へのエネルギーはいよいよ高まり、芸術的人生を最後まで支えた。つまり彼の「坐辺師友」は、芸術家・魯山人を魯山人たらしめた根源的な行為であって、この器はいくらするとかというようなお宝的価値観での蒐集ではなかった。

財界人のように金があったわけではない魯山人は、このために定期的に蒐集品を売り払い、新たな古陶磁を手に入れた。総取り替えに近い大規模な売立てを生涯に何度か行っている。昭和九年から翌年にかけて上野・松坂屋、大阪・松坂屋、名古屋で蒐蔵品四千点を売りに出したときは、周囲から「あんないゝ茶碗とっとけばいゝのに。手放すなんてどうかしてるよ」（「世評」『星岡』四十六号、昭和九年九月）との声が上がり、あれだけ処分して何をするのだろうと「魯山人洋行説」が流れた。

魯山人は自分のものにしたもののうち、優品を手放すことにいささかの未練もなかったのか。魯山人は三十代の前半、まだ福田大観を名乗っていたとき、金沢の茶人・太田多吉から貰った光悦の赤茶碗さえ売りに出している。どのような心境、どのような信念がそうさせたのか。

そのことで筆者は魯山人の作品を愛した陶芸家・辻清明の言葉を思い出す。

辻は少年時代に仁清（にんせい）の香炉を手に入れて、以来コレクションをしつつ、陶芸の道に入った人だが、私が会ったときその大半を手放していた。どうしたのかと訊ねると、人にくれてやってしまったという。

「全部、あげてしまったんですか」

私は訊ねた。じつは筆者の父も一千点ほどの魯山人作品を持っていたのに、私が中学生のころにすべて売り払い、あるいは人にくれてやってしまった。それで私は辻にその心境を聞きたくなったのだった。辻は答えた。

「そう。僕の作品を買ってくれた人にオマケにつけてやった」

売ったんじゃない、やったんだ。辻はあっけらかんとした表情でそう答えた。そのとき辻の手元には桃山織部の大徳利が一本、天井からぶら下げられた魯山人の汚れた高野山行（あん）

灯（どん）が一灯、あとは数点の小物が残っているだけだった。

「なぜですか」

「見たからですよ。もう全部見たからね。もう要らない。そうでしょう？　皆ここに入っている」

辻はそう言って自分の頭を指さした。

「だから惜しいとは思わないですよ」

手元からなくなった方が記憶に残ると言っているようでもあった。辻は他所でつぎのように述べている。

「昔のものは、先生なんだ」「いいものを見て、楽しんで、遊んで、勉強して、それが作品を作るうえでエキスになって出てくる」（以上二文、『別冊太陽　辻清明』日本のこころ九十三号、平凡社、平成八年四月）と。

普通の蒐集家の場合は、所蔵品を手放すのは金に困ったときか、手元の二級品をいくつか処分して逸品の購入に当て、コレクションの質を上げるために行うことが多い。

骨董は偶然の出会いだから、逃すと二度と手に入らない。それである程度のものであれば手に入れておいて、逸品が出たときそれらを売り払って購入代金にする。現在メトロポリタン美術館のハイライトになっている日本美術コレクションは、ハリー・パッカードがこのような方法で蒐めたものである。

魯山人の作陶術

しかし魯山人の場合は違う。

矯めつ眇めつしたあと売ってしまう。これはかぎられた金でより多くの美術品を手に取る唯一の方法である。したがって魯山人の場合、四千点のコレクションといっても、実際に手に取って師友とした数はその何倍にもなるだろう。彼はこのような方法で生涯に何万点もの古作（こさく）を手に取り、そこから古（いにしえ）の心を学び、制作のエネルギーを得、実作に生かした。先の彼自身の言葉「青年よ師を無数に択べ」は、この態度の実践を促し、その必要を問うているのである。

つぎの言葉はそのような理解の上で口にした言葉で、決して弁明しているのではない。

「やきもの作るんだって、みなコピーさ。何かしらのコピーでないものはないのだ。但し、そのどこを狙うかという狙い所、真似所が肝要なのだ」（『独歩――魯山人芸術論集』）

魯山人がここで言っている真似とは、鑑賞し、研究し、理解し、古意を汲むことができた者だけが可能な心臨、つまり古の心と同化して制作にあたることである。他人の作品のよいところをちょっと真似てみるという安易な行為ではない。

魯山人の創造の原点は、空海の遺文をもとに芭蕉が許六に贈った言葉「古人の跡を求めず、古人の求めたる所を求めよ」という、心臨の態度に尽きると言ってよい。坐辺師友による魯山人の理解はつぎのような結論だった。

「古来の優れた芸術形式を熟々視るに、まず心があってそこに形が生まれ出たものであることがわかる。心あっての形である」（同前）

心を汲み取り、心に教えられるということである。

そして魯山人は自分の創作態度に関してこう言っている。

「教養なき自己流の出鱈目、当て寸法の作陶は所詮ものにならぬことを力説したい。要は名器を見て学ぶ態度を修業の第一としなくてはならぬ。これが私の作陶態度であることは言うまでもない。私の古陶磁蒐集は畢竟学ぶために何より必要な仕事だと思ってのこと

である。名器を見ずして作陶に耽るは、書を読まずして学者たらんとするに等しくはないであろうか。（中略）

真面目な作陶研究の大事は、その仕事になる作品を、最初から売品の目的にしてならぬことであろう。事実真剣になって作陶をやる場合は、陶業として決して採算のとれるものではない。現代多くの陶家が経済に窮し、ために作品に美意識を働かせつつも、しかも好ましからぬ駄作を世に送る所以のものは、結局最初から自作品を都合よく他に売り渡そうとする下心あるがためではあるまいか。

衆俗に諛びることなき真面目なる研究は、洋の東西を問わず時の古今を論ぜず、只純粋に名品の心を学び、己を築くに謙虚な心構えを以てするということが、何より必要だとしなくてはなるまい」（同前）

魯山人は蒐集品をしばしば轆轤場に持ち出して、傍らに置いて作陶を行ったり、絵付けをしたりした。三十年間星岡窯の技術主任をした松島宏明（文智）は「名品は轆轤場で陶土にまみれていた」と筆者に語っている。

目的がこのようだったから、魯山人の蒐集品には傷物もかなり含まれていた。

大切なことは故きに温ねること。古作は衒いなく真正直に、美の何たるかを訴えてくる。魯山人は陶芸を志す青年たちに向けて、こうアドバイスしている。

「今後作家たらんとする後進は、努めて身辺を古作の優れた雅品で満すべきである。かけらでも、傷物でも、そんなことは頓着することはない」（同前）

また、

「内容さへあれば、誰が罌粟粒程の瑕瑾をとがめよう」

と述べ、

「人間でもさうだ。如何に偉人でも一寸した欠点は持ってゐる。そんな瑕瑾があるために、偉人の価値が消えて無くなるであらうか」（以上二文、「古九谷赤絵の壺」『星岡』六十二号、昭和十年十一月）と問い、金がなければ自然美もまた師友にせよとこう語っている。

「殊に、自然美を身につけるのには山も川も別に金はかからぬわけだ。山を眺め水を賞し、花を愛すればよいのである。私は以上の如き意味で、坐辺に師友を若干持っている。が、富豪の家に飾るものはかけらすらもない」（『独歩――魯山人芸術論集』）

そして一見まともにとらわれるなと警告している。

魯山人の周りには彼の品行について揶揄する者がいた。結婚を何度もしたとか、そういう類いのゴシップを流し魯山人を貶(おとし)めようとする者がいた。魯山人はそれには反駁せず「誰でも叩けば埃は出るさ」と聞き流した。オレの瑕瑾をとがめてみたって「お前だって叩けば埃が出るんじゃないのか」と。そしてこう言っている。

「およそ世の中に普通ということくらいさもしい考えはない。普通であればよいと思うのは、いわゆる顧みて他を言わんとする卑屈な精神があるからである。そんな考えでは普通にもなれない」（同前）

身辺に何を置くべきか

しかし魯山人の身近には「あなたはお金があるからそんなことができるのであって、私みたいに金がないと蒐集はできない」とのたまう者がいたらしく、こう切り返している。

「身近かに優れた美術品を置くには、金がなくてはと言うだろうが、これは金よりも自分が熱心でないから集って来ないので、昔から物は好む所に集るとさえ言われている。眼のある所に玉が寄るという諺(ことわざ)もあるではないか」（同前）

魯山人は二百年前、三百年前、五百年前、千年前、二千年前の師友と向き合って、そこから芸術の本質を得ることが肝要だと言い、駄物に囲まれて巷間に漫然と暮らしていては駄目だ、美術家はとくに身辺環境が大事であると言って横山大観を評してこう述べている。

「かつて私は横山大観氏にも話したことだが、氏はどうしてあの今日俗化した不忍池畔に居を求めているか。絵描きは絵描きらしい住所と、住家が選べそうなものではないか。朝に夕に目に入る風物が、あの見るに堪えぬこの頃の不忍池では、心ある芸術家には一寸我慢が出来ぬではないか」(同前)

美術家でない私たちにとっても、魯山人のこの言葉は有用である。しかし私たちが坐辺師友に学ぶには、これと対になる重要な問題を認識、実践しなければならない。

それはこうである。

私たちが好みの美術品を傍らに置き、師とし友とし、そこから何かを得ようとするならば、まず、美しくない物、駄物を身辺から徹底的に排除すべきだということだ。

知人からもらった土産物の類い。うんざりするような複製品。どこかの会社の記念品。ゴルフのコンペで貰ったトロフィーなど……。

数え上げればきりがないのではないか。本来なら自分の感覚を逆なでするものが、捨てるに捨てられずリビングの一角、あるいは部屋の全体を飾っていたりする。そしてそれにすっかり慣れてしまっている。こんな自分が今、急に「坐辺師友」を言い出し、骨董を手に入れて撫で回してみても、得られるところは少ない。

坐辺師友を実践するためには、自分の美意識で選んだもの以外、人から貰ったガラクタや食材は受け取らないか、捨てる勇気がなくてはならない。それが最低条件である。大鯛を贈られた魯山人が「こんなものが食えるか。返して来い」と言った話はすでに紹介したが、ここのところが肝心なのだ。

おそらく魯山人のもとにはいろいろな古物を持って来る人がいたはずである。魯山人はそれを身近に置かず、押し入れにも入れなかった。受け取らなかったのか、人にくれてやったのか、どうしたのかはわからない。しかし魯山人は、それを目の前に置くことはしなかった。

花道家・安達曈子の決意

そのことで思い出すのは安達曈子（とうこ）（花芸安達流創始者。昭和十一〜平成十八年）である。

安達瞳子は、池坊の立花（立華＝仏華）を嫌って「一切の因習、定型を捨てて模倣をなさず」というマニフェストのもとに、近代生活に溶け込む新しい飾花、安達式挿花を創流した安達潮花の娘で、潮花は魯山人と親しかったから勅使河原蒼風（草月流の創流者）や伊東深水らと、ときどき星岡窯を訪れていた。当時十代半ばから二十代だった瞳子も連れていった。家族ぐるみのつき合いを魯山人としていた。

瞳子が、魯山人の坐辺師友の暮らしを見て、その意味するところや、父よりもさらに自由な発想を持つ魯山人の態度から、花道家としての生き方を学んだのかどうかは、筆者は知らない。

しかし彼女が父と袂を分かって、一流一派の花芸安達流を興したころ、魯山人と同じような価値観による生活態度をとっていたことを聞き及んでいる。そのころ瞳子はしばしば周囲にこう言ったという。

「人から貰ったものは捨てなさい！　すぐに捨てなさい！　どうしても捨てられないなら、しまい込みなさい！　目の前に置かないのよ」

〈それが秘訣なの〉

瞳子の声が、筆者にははっきりと聞こえる。そうすることが「美の美」を引き寄せる唯一の方法だという安達瞳子の声が。

ちなみに瞳子が父・潮花と訣別して、魯山人にも似た壮絶ともいえる芸術観を以て花の道を生き抜いたことについては、『伝―安達潮花』（花芸安達流、昭和六十二年）に詳しい。

身の周りを自分の好みのものだけにして、他の一切を排除し、その中で暮らすことは、たんなる趣味的、貴族的な美的生活をすることではない。美が訴えて来るものを聴き、美と対話する真摯な態度である。そこから得られるものは大きく、それはその人の美意識を育て、生のエネルギーを与える。

それに反して、優品を手に入れると押し入れ深くしまい込み、目の前に置かないで満足する人がいる。一体何のために所有するのか、愚かの極みである。

魯山人の器を持っている人がいるなら、筆者は声を大にしてその人に言いたい。決して押し入れにしまうなと。食器棚に入れて、少なくとも週に一度は使えと。

使わぬ物は無きに等しい。否、使わぬことはそれを殺すことである。割れれば、継げばいい。粉々になっても完璧に継いだ例がある。たとえば現在、大阪市立東洋陶磁美術館の所蔵になっている朝鮮王朝時代の傑作、志賀直哉から東大寺に渡ったあと賊によって木っ端微塵に叩き壊された「満月壺」がそうである。

美は生のエネルギーである

美とは何か。美は「生」のエネルギーである。

美と対峙すれば、人はそれが放散する透明で激しいエネルギーを浴び、打たれ、遥かな生命の記憶に想いを馳せる。懐かしい声を聴く。心が安まり、生気が漲(みなぎ)るのを感じる。

古今のすぐれた美術品は本来、ただ美しく、ただ面白く、ただ見事なのではない。真善美の大いなる力を秘めたそれは、何十代と人の手を渡りながら、自らのものとして坐辺に置き溺愛するかぎられた人々だけに、真善美の何たるかを、すなわち生の秘密を垣間見せてきた。

優れた美術品は、仮に誰かが所有していたとしても、それはその人間が生きているときだけの話で、じつのところは借り物である。それを鑑賞し、愛玩し、そこから生のエネルギーを得たあとは、それを理解し、力に変えられる眼を持った他者、それによって力を与えられ、己の人生を変えることができる相手に手渡すべきである。無関心な子や孫にお宝として渡すのは、美の殺人的行為であって、美術品が人類の遺産となり得る所以はここにあるのだ。

〈お宝だといって蔵に入れていたんじゃ話にならんよ〉

そんな言葉に続いて、私には魯山人のつぎの言葉が聞こえて来る。

「本当の美生活とは、形の美と心の美を兼ね備えたものだ。即芸術生活である」

「どんな趣味生活、道楽に於ても言えることだが、私の年来の希願は〝いい物を求める〟これだ。この願いはとりも直さず、上向きの心、すなわち絶え間なき完全なるものへの精進である。それは、何かにつけて修業になる」

「美を意識し、おのずから美を取り入れざるべからざる『人』の生活は、自然の天与であって、誰の所業でも無い。即ち天の人に与えたもうた神業（かみわざ）である」（以上三文、『独歩——魯山人芸術論集』）

あとがき

だいぶ前のことだけれども、魯山人のもとで料理修業をした懐石辻留三代目の辻義一さんと話をしていたら味覚の話になった。辻さんは「味覚神経は二十代前半がピークで、それからだんだんと落ちていくんです」と言う。

それは寂しいことですねと応じると、

「いやいやそうでもないんです。じつは」と、辻さんは続けた。

「若いときは質よりも量が優先しましてね。味をそれほど楽しまんのですわ。わからんというのやないんですけどね。そやさかい、ほんまに味がわかる、ほんまに味を楽しむということになると、やっぱり五十過ぎてからですわな」

私はそのとき五十半ばだったので格別嬉しくその話を聞いたし、実際自分を振り返って、そうだなという気がした。

美味いものは美味いものにすぎない。それは瞬間的な感情がベースである。テレビの温泉巡りの番組などで、女性レポーターが山海の珍味に箸をつけて思わず「美味しい！」と叫んでいるあの感情と言ったらいいかもしれない。

しかし「美食」は異なる。美食はそれぞれの人の食の歴史と関わっている。美味いという瞬間的な味覚ではなく、懐かしさを含んだその人なりの文化だ。私は懐かしさから美食が生まれると言っているのではない。美食に思いを馳せると、そこには必ず懐かしい思い出があるという意味だ。魯山人風に言えば「美食は人なり」ということである。

金沢に魯山人がときどき立ち寄った料亭があって、あるとき彼は焼きナスを注文した。金沢には小立野(こだつの)ナスというへたが紫色の小さな丸ナスがある。大桑ナスとも呼ばれるが、小立野も大桑も市内の産地で、即物的にへた紫ナスと呼ぶ者もいる。じつに美味いナスだが、素揚げや煮物や漬物にして焼きナスにしないのが普通だから、魯山人が注文したのは当時石川県で唯一の長ナスだった羽咋(はくい)郡志賀町(しかまち)産の能登ナスだっただろう。

料亭では魯山人先生のご所望だというので、町でいちばんの板前を呼んで凝った焼きナスを出した。ところが魯山人は「こんなんじゃない」と言って作り直させた。そして金沢人にとって何の変哲もない焼きナスが出て来ると、「これだこれだ」と言って喜んだという。

一人の人間の中で「美味いもの」を「美食」にまで高めるには、味覚の鋭敏さだけでは不十分で、その人なりの「食の歴史」が不可欠である。食って、食べ飽きて、そしてまた食う。この繰り返しの中で、「美味い」の中からやがて「美食」に変ずるものが出て来る。ここのところの消息について、魯山人はこう言っている。

「ずっとつづけて食っているうちに、必ず一度はその食品がいやになる。一種の飽きが来る。この飽きが来た時になって、始めてそのものの味がはっきり分るものだ」（『魯山人味道』）

食に対する関心だけでなく、食べ方と個々人の食の歴史なくして美食は得られない。辻さんが言うように、美食という幸福の追求は五十歳ごろからと言えそうである。

本書の執筆に際して、平凡社新書編集部編集長の金澤智之さん、企画の発案から編集作業のすべてを担当してくださった及川道比古さん、折々に温かい言葉をかけてくださった平凡社社長の下中美都さんに心からお礼を申し上げたい。

二〇一七年八月

山田　和